JN334186

男のための
老いを楽しむ

セカンドステージ便利ノート

男の老後をがんばろう会編

北辰堂出版

はじめに

　定年退職後、オレたちはどうすればいいのだ！
　はじまりは、仲間どおしの雑談からでした。
「田舎暮らしをはじめて、野菜作るんだよ」
「へぇ〜畑やったことあるの？」
「ないけれど、なんとかなるだろ」
「おれはさぁ、日本中の温泉に行ってうまいもの食うんだ」
「温泉いいよなぁ」
「でもさぁ、退職金すぐおわっちゃいそうだな〜」
「ハハハ・・・」
　おじさんたちのお話は、夢と希望はたくさんあるものの、ビジョンがないまま延々と続きました。
　そう、そして気づいたのです。
　私たちおじさんには、具体策と行動力が足りない。

　定年退職後、なぜ、男は「濡れ落ち葉」になってしまうのか。ウツになっちゃうのか。
　亭主が死ぬと女房はぴんぴん元気になるのに、女房に先立たれた男は、なぜ、あんなにみじめなのか。
　第二の人生をいきいき生きぬくためには、われわれに、夢

と希望を実現するための情報が必要だ！

　50代、60代の男たち5人が集まって、まとめたのがこの本です。だからこの本は「これさえ読めばバラ色のセカンドステージがまっている」といった、完璧な内容ではありません。仲間の話を調べたり、ネットを検索してまとめた情報が多くを占めています。書かれている価格等はあくまで参考なので、多少違っているかもしれません。
　それでも本書を発刊した目的はただ一つ。
「定年退職したら、オレはどうしたらいいんだ」と迷っている人の背中を、そっと後押しすることです。
　せっかくの人生です。
　やっと手に入れたセカンドステージです。
　ぜひぜひ悔いのないように、あなたらしい人生を進むことができますように。
　本書を通して、応援いたします。
　そして私たち自身も、がんばりたいと思っています。

　あなたの行動に結びつく情報が、一つでもあれば幸いです。

　※本書に書かれている情報はあくまでも参考であり、内容について責任を負うものではありません。具体的な内容等については、あなた自身で調べてください。

目　次

はじめに　　003

第1章　退職からの「生きがい」探し

1. 趣味に生きる　　010

山登り／トレッキング／ハイキング
カヌー
ダイビング
乗馬
ソバ打ち
料理教室
陶芸
絵画教室
音楽教室
盆栽
家庭菜園
大工

2. 大学で学ぶ　　044

オープンカレッジ

3. 資格を取る　　048

　ホームヘルパー2級
　マンション管理士
　森林インストラクター
　臨床美術士
　普通救命講習
　野菜ソムリエ
　きき酒師と焼酎アドバイザー

4. ボランティアをする　　055

5. 旅に出る　　057

　四国八十八ヶ所巡り
　桜を追う旅
　世界遺産の旅
　路面電車の旅
　朝市の旅

6. 田舎暮らし　　063

第2章　退職後のマネープラン

1. 悠々自適の資産設計　　070

退職後はどれくらいお金が必要なのか
自分の資産を知る
収入の基本は年金
年金は請求しなければもらえない
マネープランの立て方

２．いざという時に備える　　078

生命保険を見直してみる
医療保障を継続させるには

第３章　元気で長生き、健康オヤジ

１．メタボからの脱出　　084

内臓脂肪を減らすダイエット「食生活編」
内臓脂肪を減らすダイエット「運動編」

２．免疫力アップ　　089

３．認知症を予防する　　092

ウォーキングなどの有酸素運動をする
野菜や果物、青魚をよく食べる
頭を使う生活をする

４．納得できる治療を受ける　　099

夜間や祝日に具合が悪くなったら
　　認知症はどこで診てもらうか
　　ホスピスケア（緩和ケア）とは

5．介護保険を利用しよう　　107

　　介護保険でできる住宅改修とは
　　介護保険制度を利用するには
　　介護保険サービスの種類

6．高齢者住宅のいろいろ　　114

　　介護保険施設の種類
　　介護保険施設以外の主な高齢者介護施設

第4章　最後まで自分らしく

1．生前贈与をする　　120
2．遺言を書く　　123
3．葬儀を生前予約する　　128
4．自分の葬儀をプロデュース　　135

第1章
退職からの「生きがい」探し

　退職後は、どんな人生を歩きたいのか。
　セカンドステージについて、あなたは何か決めていますか？
　夢中になれるような趣味がみつからない。もう一度勉強したいのだけど、どうすればいいのかわからない。ボランティアもいいなと思っているけれど、第一歩が踏み出せない。田舎暮らしに憧れているが、本当にできるかどうか不安…。
　これらもろもろの不安や「？」に応えるのが、第一章です。
　あなたが行動するための、きっかけにしてください。

1. 趣味に生きる

　退職すれば、いよいよ自分がやってみたかったことが何でもできるセカンドステージがはじまります。これまで趣味をもっていた人は、それをとことん追求していくのもいいでしょう。忙しすぎて趣味をみつけることができなかった人は、次の3つに注意しながら、自分の心に響く趣味を探してみてはどうでしょうか。

　　　　　　　　趣味の見つけ方　三か条
- とにかくまず体験してみる（頭で考える前にやってみる）
- 本気になれるものを探す（長く深くつきあって趣味を極める）
- 一人で続けられるものにする（友人・知人の予定に左右されない）

　趣味の範囲は、アウトドア、インドア含めて膨大な種類に上ります。ここでは、われわれ中高年の大人に人気がある趣味を中心に、紹介していきます。

山登り／トレッキング／ハイキング

　この10年ほどの間、定年退職後に山登りを楽しむ人が急速に増えているようです。土日はもちろん平日でも、都心から山に向かう列車には、登山靴やトレッキングシューズを履き、ザックを背負った中高年の人を数多く見掛けます。

　たしかに山登りはチャレンジするのに値する大人の趣味です。

　下界とは違った風景・空気に触れるだけでも心身が若返ります。ただ気になるのが、退職後に山登りを楽しむ人たちの中には、地図も読めず、地形もわからず、万一の時の対処法を知らないままひたすら頂上を目指す人たちがいることです。

　山登りを一生の趣味にするのなら、ぜひ基本から知って欲しいということで、いくつか大人の登山教室をピックアップしてみました。

■ 社団法人 東京都山岳連盟（略称 都岳連）

「初心者のためのトレッキングスクール」

対　象：山登りが初めて（経験者可）で、18歳〜65歳までの方。

内　容：まったくの初心者に、高山植物の咲き乱れる季節から、凍てつく厳冬の雪山までを体験してもらい、ハウツーを学んでもらうスクール。毎回、机上講習も行われる。

開催日：平成21年度は年4回（春夏秋冬）開催しました。

受講料：27,000円（保険料、交通費、宿泊費別途）

申し込み方法：各期毎に、説明会後申し込みを受付けます。

問い合わせ先：社団法人東京都山岳連盟 事務局

〒104-0031　東京都中央区京橋1-9-9　湘南産業八重洲ビル4F

TEL：03-5524-5231（月〜金曜日 13:00〜17:00）

http://www.togakuren.com/

■ 木風舎
内　容：東京都阿佐ヶ谷に本拠をかまえるアウトドアスクール。登山やトレッキング教室の他にも、ネイチャースキー（雪のハイキング）、スノートレッキング（スノーシューズによるトレッキング）など、さまざまなアウトドア教室を展開。代表は山岳ガイドの橋谷晃氏。
問い合わせ先：木風舎
〒166-0004　東京都杉並区阿佐谷南 3-45-4
TEL：03-3398-2666（月～金曜 10:30～19:00、土日祝定休）
FAX：03-3398-7448
http://www.mokufusha.com/

カヌー

　退職後、スポーツを趣味にする人が増えているそうですが、川のスポーツで人気が高いのがカヌー。のんびりと川の流れに身を任せたり、ちょっとした急流を漕ぎ下るスリルは一度体験するとやめられなくなります。
　カヌースクールは、全国のさまざまな川に開設されています。
　自然が相手で危険を伴うスポーツなので、まず自分が通いやすい川を選んでスクールを探したり、アウトドア用品店が主催しているスポーツクラブに入会するなどして、基礎をしっかり身につけることから始めましょう。

■ 多摩川ウィズ・ネイチャー
　首都圏在住でカヌーを始めるのなら、多摩川がもっとも行きやすい川の一つ。多摩川上流をベースにカヌースクールを開設しているのが、ウィズ・ネイチャー。

開催期間：3月～11月（定休日なし）
費　　用：初心者体験カヌースクールは、9,000円（昼食込み）
交　　通：JR青梅線日和田駅から徒歩7分
問い合わせ先：多摩川ウィズ・ネイチャー
　〒198-0063　東京都青梅市梅郷5-984-31
　TEL：0428-76-2603
　http://wiz-nature.co.jp

■ カヌービレッジ長瀞

　船下りで知られる埼玉県の景勝地・長瀞には、いくつものカヌースクールがあり、週末ともなれば親子でカヌーを楽しむ初心者の姿もよくみかける。カヌービレッジ長瀞はそうしたスクールの1つ。

対　　象：参加資格は、小学4年生以上63歳以下
開催期間：4月上旬～11月中旬の土・日・祝日。
費　　用：初心者コースは、9,000円（昼食込み）。
交　　通：西武鉄道上長瀞駅から徒歩4分
問い合わせ先：カヌービレッジ長瀞
　〒369-1305　埼玉県秩父郡長瀞町長瀞947-1
　TEL：0494-66-2679
　http://www.canoevillage.com/

■ カエルアドベンチャー・アウトドアスクール

　関東のカヌーのメッカとして知られる那珂川などをフィールドにするアウトドアスクール。カヌーだけではなく、スノーシューや沢遊び、山菜採りなど、四季を通してさまざまな「安全で楽しい」アウトドアライフを提案している。

開催場所：初心者クラスのカヌースクールは、那珂川と中禅寺湖で開催。
費　　用：那珂川が11,000円、中禅寺湖が10,000円（どちらも昼食込み）。

問い合わせ先：カエルアドベンチャー・アウトドアスクール
〒329-1305　栃木県さくら市狭間田408-5
TEL：028-681-7212
http://homepage1.nifty.com/kaeru123/index.html

ちょっと耳よりな話

自分でカヌーを作る「カヌークラフト」

　ホンモノ志向の団塊世代にはたまらないウッドカヌー製作教室が、神奈川県相模原市にある。「津久井カヌークラフト」では、材料作りから完成まですべての工程を一貫して指導する「手作りカヌー教室」を開催している。費用はすべて込みで420,000／14ft～。完全指導なので、だれでもウッドカヌー作りを楽しむことが出来る。また同工房では、カナディアンカヌースクールも行っている。

問い合わせ先：津久井カヌークラフト
TEL：042-780-5506（火曜～日曜日 9:00～19:00）
http://www.tuqui.com/

ダイビング

　今までまったく趣味らしい趣味をもっていなかったが、周囲にダイビングをする友人がけっこういて、なんとなく始めてすっかりトリコに…。ダイビングを始める人には、こういう経緯の人がかなりいます。

　海の中を無重力空間のように自在に泳ぎ回るダイビングは、マンタウォッチングや珊瑚礁ツアーなど多彩な魅力にあふれています。体力が心配という人でも、中高年を対象にしたスクールなら、無理なく技術を身につけることができるはず。首都圏や大阪をはじめ全国の主要都市、沖縄や離島などさまざまな場所にダイビングスクールはありますが、指導が親切かということの他に、海洋実習に参加しやすいかということなどもスクールを選ぶポイントの一つです。

■ ブルーオーシャンダイビングスクール

　中高年のためにマンツーマンで指導してくれる、神奈川県平塚市にあるダイビングスクール。じっくり納得できるまで講習を受けることができる。また、ダイビング器材は基本的に「自分の物を持ち、自由自在に使えるまで練習を積み重ねることが重要」というポリシーをもっている。詳細及び申込みは電話で。

問い合わせ先：ブルーオーシャンダイビングスクール
　神奈川県平塚市南原 3-5-31
　TEL：0463-36-6366（日曜日定休）
　http://www.blueocean-jp.com/

■ パシフィカ

　「シニアダイビングスクール」として 50 歳以上の中高年を対象にした講習を開講している。ベテランのインストラクターが体力に合わせてマン

ツーマンで指導。また海洋実習の際は、実習地まで専用車で送迎してくれる。

問い合わせ先：

http://www.pacifica.ne.jp

【東京駅前店】
〒103-0027　東京都中央区日本橋 3-3-1　神崎ビル１F
TEL：03-6214-1670

【恵比寿店】
〒150-0011　東京都渋谷区東 3-25-7　レスポワールビル１F
TEL：03-3440-3324

【葛西店】
〒134-0083　東京都江戸川区中葛西 5-18-9　須賀ビル１F
TEL：03-3804-6067（火曜日定休）

【府中店】
〒183-0005　東京都府中若松町 1-7-4　サンワビル１F
TEL：042-360-6590

【立川店】
〒190-0022　東京都立川市錦町 2-2-28　小野ビル１〜２F
TEL：042-528-6540

【市川店】
〒272-0133　千葉県市川市行徳駅前 1-3-4 第３エクセル行徳ビル１F
TEL：047-397-9979（火曜日定休）

【さいたま店】
〒330-0802 埼玉県さいたま市大宮区宮町 1-34-2　クリキビル１〜2F
TEL：048-642-5730（火曜日定休）

■ ダイブセンター　アイランダー

「中高年からはじめるダイビング教室」として、安全と安心を考えた少

人数制の教室を開講。なおエグゼクティブコースでは、学科講習を自宅で受けることができる、専用送迎車による自宅〜プールの送迎、送迎付き海洋講習などの特典がある。

問い合わせ先：ダイブセンター　アイランダー
〒 340-0012　埼玉県草加市神明 2-3-5　リレントクィーン 1 F
TEL：048-935-6551
http://www.islander.co.jp/

ちょっと耳よりな話

脂肪燃焼効果を期待しつつサイクリング

中高年のほとんどの人が、自転車に乗ることができます。そして、すでに自転車をもっています。サイクリングは、趣味と健康をかねてもっとも気軽に始めることが出来るスポーツの一つです。「1日何キロ走るぞ！」といった過酷な目標を定める必要もなく、天気の良い日にのんびりとペダルをこぎ出す。脂肪燃焼効果も抜群のサイクリングを、趣味の一つとしてはじめてみてはいかがでしょうか。サイクリングをはじめるにあたっては…

①自転車の種類を知る。

マウンテンバイク：オフロード用自転車。ギヤ数が多く、タイヤはブロックタイヤ。サスペンションがついているものも多い。

ロードレーサー：公道競技にも使われる軽量タイプの自転車。タイヤの幅も狭く、軽快に走ることが出来るので、日帰り旅行にも適している。

ランドナー：ランプ、泥よけ、スタンド、荷台などが装備された長距離用の自転車。マウンテンバイクに比べて、ずっと軽く走ることができる。

折りたたみ自転車：工具をほとんど使わず折りたたみ、電車やバス、自動車などで運ぶことが出来る自転車。30秒以下で簡単に折りたためるものもあり、旅先での足として重宝。

他にも、ツーリングバイク（海外旅行などにも対応できる長距離自転車）、BMX（モトクロス用自転車）、トライアスロンバイクなど、自転車には多くの種類がある。

②自転車の修理を覚える。

パンク、ライト交換、変速機やブレーキの調整など、安全性にも関わる基本的技術はぜひマスターしておきたい。専門誌や書籍などを読んでも習得することができるが、サイクリングサークルに入会するのも一つの方法。

③サイクリングルートを調べる。

サイクリングルートには決まりがない。街中をぶらぶら散策しながら味覚の旅を楽しむ方法もあれば、自然の中にこぎ出すのもその人の自由。とはいうものの、自動車などにわずらわされることなくペダルをこぎたいのが本音だろう。途中立ち寄ることが出来るトイレがあるかどうかも気になるところ。多摩川河川敷のサイクリングルート、多摩湖自転車道など自転車で走るのに適した道が、全国にたくさんある。自分で調べるのが面倒な人には、サイクルスポーツのホームページなどが参考になる。

サイクルスポーツ　特選コースガイド
http://cyclesports.jp/courseguide/index.html

乗　馬

　ある程度年をとってからはじめる趣味なら、ちょっと格好いい方がいい。その点、「趣味が乗馬」なんていうのは実にエレガント（あくまでイメージですが）。実は乗馬は全身運動で、馬上でバランスを一生懸命とっているだけでもかなりの有酸素運動になります。そのため最近では、40歳を過ぎてはじめて乗馬に取り組む中高年初心が増えているそうです。首都圏近郊のいくつかの乗馬スクールを紹介します。

■ 東京乗馬倶楽部

　大正10年に創設された歴史ある乗馬クラブ。正会員になって乗馬を始めるには入会金200万円等が必要だが、初心者向けスクールの受講なら気軽に指導を受けることが出来る。特に中高年向けレッスンは設けていないものの、個人レッスンなのでしっかりと学ぶことができる。

費　用：平日初心者乗馬教室は24,000円、3回騎乗（1回の騎乗時間30分）
交　通：小田急線参宮橋駅下車　徒歩2分
問い合わせ先：東京乗馬倶楽部
　〒151-0052　東京都渋谷区代々木神園町4-8
　TEL：03-3370-0984
　http://www.tokyo-rc.or.jp/

■ 八王子乗馬倶楽部

　せっかく馬に乗るのなら、同じ場所をぐるぐる回るのではなく野外にも出てみたい。そんな初心者の願いに応えるため、林間乗馬を行っているのが八王子乗馬倶楽部。ここでは50歳からはじめる乗馬教室を開講している。

費　用：50歳からはじめる乗馬教室42,000円（全10回、平日限定のフリープラン）
交　通：JR中央線八王子駅から送迎バス（要予約）
問い合わせ先：八王子乗馬倶楽部
　〒192-0003　東京都八王子市丹木町1-501
　TEL：042-691-1915
　http://www.hachioji-rc.co.jp

■ 秦野国際乗馬クラブ

　富士山を仰ぐ弘法山のふもとにある乗馬クラブ。日帰り温泉・乗馬ツアーも実施している。全国乗馬クラブ連合会認定指導員がレベルに応じて丁寧に指導してくれる。
費　用：初心者向けコースは平日18,900円・休日21,000円で、好きな日時に4回（1回30分）騎乗することができる。
交　通：小田急線秦野駅下車、曽屋弘法行きバスで「曽屋弘法停留所」下車、徒歩3分（団体3名以上の場合、送迎バスあり、要予約）
問い合わせ先：秦野国際乗馬クラブ
　神奈川県秦野市名古木961
　TEL：0463-81-5621
　http://www.hadanojouba.com/

■ アイル乗馬クラブ

　中高年のためのやさしい乗馬教室を開設。体力などに合わせた個人レッスン。期間限定。
対　象：50～80歳。
費　用：4回コース（16,800円）・8回コース（33,600円）、1回の騎乗時間は20～40分。
交　通：JR八高線・東武東上線　越生駅から送迎5分

問い合わせ先：アイル乗馬クラブ
〒350-0412　埼玉県越生町西和田739-1
TEL：0120-007-550（火曜日定休）
http://www.jouba-airu.com

ソバ打ち

　退職後、「ソバ打ち」にはまる人が多いそうです。知り合いで官庁を退職後、突然ソバ打ちを始めた人がいます。最初は「まぁいいんじゃないレベル」の腕前でしたが、3年も続けているうちにめっきり腕を上げ、そんじょそこらの蕎麦店ではかなわないようなソバを打つようになりました。惜しむらくは、家族がすっかりソバに飽きてしまい、だれも試食してくれなくなったことだそうですが…。
　ソバは奥が深く、こだわりだしたら切りがない趣味のようです。首都圏だけではなく、ソバどころなど全国各地にソバ打ちを体験・学習する場所があります。

■ めん公房（そば・うどん　手打ち教室）

　一度ソバ打ちを体験してみたい人から、プロとして開業を目指している人まで。自家製粉によるソバ粉を使って、1人1鉢、丁寧に指導を行っている。ソバだけではなく、うどん教室も開講している。

費　用：手打ちソバ教室は、「体験コース」（1回）が3,500円、「直径30cmの鍋で生地づくりコース」が12,000円（4回）、「本格コース」50,000円（15回）など多彩。申込みは、電話またはメールで。

問い合わせ先：めん公房
〒111-0035　東京都台東区西浅草2-4-5

TEL：03-5806-1281
http://www.menkobo.jp/

■ さいたま蕎麦打ち倶楽部
　蕎麦をこよなく愛する人たちが集まった「素人蕎麦打ち集団」。ここでは初心者から経験者までを対象に、蕎麦打ち教室を開講している。1回のコースは全6回（3ヶ月）。申込みは、メール等で。
開講場所：さいたま新都心教室と、鴻巣教室がある。
費　用：受講料は初心者・初級者が18,000円、中級者21,000円。
問い合わせ先：さいたま蕎麦打ち倶楽部
　http://members.jcom.home.ne.jp/sobauchi/

■ 千葉そば打ち会
　楽しみながら蕎麦打ちの技術を習得することができる、個別指導の本格蕎麦打ち教室。厳選された蕎麦粉を使用するなど、蕎麦の醍醐味をとことん味わうことができる。
費　用：体験コース（3,500円）、10回コースなど。詳細は要連絡。
問い合わせ先：千葉そば打ち会
　〒260-0012　千葉県千葉市中央区本町1-2-4　千葉そば打ち会
　TEL：043-225-0001
　http://homepage3.nifty.com/sobazenbou/

料理教室

　時間を自分のために使う。しかも自分が大好きなものをつくるために使う。こんな贅沢は、セカンドステージだからできること。料理の腕を磨くと、家族にも喜ばれる。万一、奥さんに先立たれた時にも役に立つ。

　最近は「男性のための料理教室」をうたい文句に、初歩から丁寧に教えてくれる教室も増えている。

■ 辻クッキングスクール

　プロのパティシエや調理師、栄養士を育成している辻学園。長年培った調理ノウハウを一般に公開するため、首都圏、名古屋、大阪に料理教室「辻クッキングスクール」を展開している。

〈講座の例〉

入門！男の料理塾（銀座校）：
　　包丁の持ち方やご飯の炊き方など、初歩の初歩から丁寧に。

男の料理入門（池袋西武校）：
　　初歩から初めてステップアップを目指す。男性専用クラス。

ビギナーズクッキング（新宿小田急校）：
　　包丁の持ち方、魚のおろし方、ダシのとり方など初歩から丁寧に指導。男女問わずビギナーのための講座。

申込み方法：入学はいつでも可能。最初の受講日が入学日。教室の見学も随時（事前に電話にて申込みを）。

問い合わせ先：

http://www.tec-tsuji.com/cooking/

【辻学園　辻クッキング東京本部】

〒102-0073　東京都千代田区九段北1-3-1　九段下プラザビル7F

TEL：03-6912-3150
【新宿小田急校】
東京都新宿区西新宿 1-5-1　小田急ハルク７F
TEL：03-3343-4701
【池袋西武校】
東京都豊島区南池袋 1-28-1　池袋西武イルムス館 8 F
TEL：03-5949-5485
【厚木校】
神奈川県厚木市中町 4-13-1　イトーヨーカドー厚木店７F
TEL：046-224-2111

■ 明治屋クッキングスクール

　ご存じ明治屋が主催するクッキングスクール。1965 年創立という伝統ある料理教室。東京メトロ銀座線京橋駅の真上という立地も魅力の一つ。男性専用コースは設定されていないが、男性の受講者も少なくない。

〈講座〉
基本コース（家庭料理の基本を学ぶコース）
おもてなしコース（一流ホテルや料亭の料理長から学ぶコース）
申込み方法：入学はいつでも可能。月の途中でも入学できる。教室の見学は随時（予約不要）。体験の場合は、要予約・有料
問い合わせ先：明治屋クッキングスクール
〒 104-0031　東京都中央区京橋 2-2-8　明治屋ビル７F
TEL：03-3271-6640　FAX：03-3271-6670
http://www.meidi-ya.co.jp/cooking/

■ ベターホーム料理教室

　東京、名古屋、大阪、福岡、札幌、仙台など全国 18 ヶ所の料理教室を展開。女性の中では気が引ける…という人のために 1991 年から開講した男性ク

ラス（当初は 350 人）は、現在では約 7,000 人の受講者がいる。
〈男性クラス　教室の場所〉
【首都圏】
　渋谷、池袋、銀座、吉祥寺、町田、横浜、藤沢、千葉、柏、大宮
【京阪神】
　梅田、難波、神戸、京都
【その他】
　名古屋、札幌、仙台、福岡
申込み方法：定員制。電話にて申込み
問い合わせ先：ベターホーム料理教室
　http://www.betterhome.jp
　首都圏：03-3407-0471　　　京阪神：06-6376-2601
　名古屋：052-973-1391　　　札　幌：011-222-3078
　福　岡：092-714-2411　　　仙　台：022-224-2228

陶　芸

　土を触っていると、原始の時代の気分に戻るのでしょうか。心がほっとして、時の流れも忘れてしまいます。大人に陶芸の人気が高いのは、こうした心穏やかな時間と無関係ではないと思います。成形、絵付け、焼成と奥が深く、予想を超えた作品が出来上がる点も陶芸の大きな魅力。

　陶芸教室の数は相当数に上ると思います。近所の教室を探すのもよし、お金に余裕があるのなら、主要な陶芸産地で腕を磨くのも、退職後ならではの時間の使い方です。

■ ゆしま陶芸倶楽部

　東京の上野広小路から徒歩２分という抜群のアクセスの良さ。湯島天神や不忍池にもほど近い陶芸教室。開講は 1988 年から。自由に作品作りに没頭できる下町ならではの居心地の良さが特徴。釉薬の種類も多い。

〈講座の例と費用〉

初級コース：21,000 円（週１回、全７回）

自由制作コース：入会金 21,000 円。月謝は、月２回 10,000 円、３回 15,000 円、４回 18,000 円、フリー（月何回でも OK）20,000 円。

問い合わせ先：ゆしま陶芸倶楽部

〒113-0034　東京都文京区湯島 3-37-14　陶助ビル

TEL：03-3834-5688

http://www.yushima-tousuke.com/

■ 国立　けんぼう窯

　国立の静かな住宅街にある陶芸教室。現在 300 名を超える人が在籍している。都内で制作しながら登り窯も体験してみたいという人のために、

「けんぼう窯」では山梨県甲州市の自前の登り窯で、毎年春と秋の２回実習を兼ねた焼成を行っている。

〈講座の例と費用〉

手びねり１日体験コース：3,000 円

電動ロクロ１日体験コース（平日のみ）：6,700 円

入会して継続的に陶芸教室に参加する場合：

入会金 10,000 円、月謝 8,900 円（月３回）、材料費 2,700 円。

交　通：JR 中央線国立駅南口下車、徒歩 17 分

問い合わせ先：けんぼう窯

〒186-0005　東京都国立市西 2-30-45

TEL：042-576-8111（木曜日定休）

http://www.kenbougama.com/

■ **陶芸教室　陶楽**

横浜あざみ野にある有田焼の陶芸教室　陶楽は、佐賀県有田町に本社をもつギャラリー有田の横浜支店「有田陶芸倶楽部」が開催している。「有田陶芸倶楽部」では本場のありとあらゆる有田焼が揃うだけではなく、教室の設備も本場以上との評判もある。

〈講座の例〉

手びねり教室：38,000 円（12 回）

ろくろ教室：42,000 円（12 回）

問い合わせ先：陶芸教室　陶楽

〒225-0015　神奈川県横浜市青葉区荏田北 3-1-19

TEL：045-910-6104（営業時間 10:00 ～ 20:00、毎月第３火曜日定休）

http://www.a-arita.com/potteryclub/pottery.html

■ **益子陶芸倶楽部**

益子焼きで知られる栃木県益子町の陶芸教室。開講して 35 年の歴史を

もち、緑豊かな陶芸の郷で、ゆっくりと作品に向き合うことができる。宿泊棟もあり、長期滞在して陶芸を学ぶことも可能。なお5〜9月は大学生が合宿で利用していることもあるので、混雑していないかどうか事前に確かめて行きたい。

〈講座の例と費用〉
体験教室（要予約）：
半日（午前コース、午後コースそれぞれ）3,675円、1日コース5,755円。
問い合わせ先：益子陶芸倶楽部
〒321-4217　栃木県芳賀郡益子町益子3288-6
TEL：0285-72-3866（営業時間9:00〜17:00）
（水曜日・木曜日定休。12月20日〜2月末日まで休館）
http://mashiko-tougei-club.jp/
交　通：
JR東北本線宇都宮駅下車、東野バス益子行き「益子参考館前」下車、徒歩5分
JR東北本線小山駅下車、JR水戸線下館駅、真岡鉄道「益子駅」下車、タクシーで7分。

■ 清水焼瑞光窯

京都の清水焼を製作している窯元が行っている陶芸教室。静かな京都東山で、プロの指導のもと、自分だけの陶器を作ることができる。清水焼ならではの繊細な絵付け指導は言うまでもなく、さまざまな陶芸の楽しみ、技術をじっくりと教えてくれる。また、オリジナルの釉薬にも対応している。

定　員：1講座約10名
教室開講日時：
　毎週木曜日　14:00〜16:00
　第2・4木曜日　18:00〜20:00

毎週土曜日　10:00～12:00
費　用：入会金 5,000 円、月会費 3,000 円／1 回
問い合わせ先：瑞光窯
〒605-0953　京都市東山区今熊野日吉町 148
TEL：075-525-0055
http://www.zuikou.com/
交　通：
京阪電鉄七条駅から徒歩 20 分
京都駅から市バス D-2 乗り場 208 系統で、「今熊野」下車、徒歩 10 分

絵画教室

　絵を自由に描くことができたら…という気持ちは、多くの人が抱いている欲求の一つかもしれません。時間に縛られることの少ない今こそ、絵画にチャレンジしてみてはどうでしょうか？
　全国の絵画教室でも、自治体や企業が主催するカルチャースクールでも、大人を対象にした絵画教室が盛んになっています。水彩画、スケッチ、油絵、水墨画、版画など、自分の感性にピンとくる表現方法を探してください。

■ アトリエ・バオバブの樹

　水彩画、パステル画、デッサンなどの絵画教室の他に、大人の造形教室として、ステンシル、クラフト、ガラス造形などを教えてくれる。JR 鶴見駅前にあり交通が便利なことと、少人数制なので個人指導に近く、じっくり学べるのが大きな特徴。
　水彩画・パステル画・デッサンは、曜日ごとに各クラス 5 名定員。月 2 回、4 回の好きなクラスを選ぶことが出来る。開講日などの詳細は、ホームペー

ジまたは電話にて確認を。
- **費　用**：(絵画教室、造形教室共に同額) 入会金 10,000 円、諸経費 (半期) 6,000 円。
月会費 8,000 円 (月 2 回)、12,000 円 (月 4 回)。
- **交　通**：JR 鶴見駅または京急つるみ駅から徒歩 2 分
- **問い合わせ先**：アトリエ・バオバブの樹
〒230-0051　横浜市鶴見区鶴見中央 1-25-3
TEL：045-511-4005
http://www001.upp.so-net.ne.jp/atelier-baobab/

■ ビリジアン　絵画教室

　画家の田中雅子さんが主催する大人のための絵画教室。絵が好きだけど自分で描くのは難しそう…とためらっている人にも、初歩から教えてくれる。水彩、油彩、鉛筆、色鉛筆、パステルなど自分が使いたい画材を選んで、描くことができる。

- **レッスン日**：月曜 (14:00 ～ 17:00)
　　　　　　　火曜 (10:00 ～ 12:00)
　　　　　　　水曜 (18:00 ～ 20:00)
　　　　　　　金曜 (10:00 ～ 12:00)
- **費　用**：入会金 5,000 円、月謝 6,000 円 (月 3 回)、教室維持費 1,000 円。なお体験レッスン (2 時間 2,000 円) も要予約で受け付けている。
- **交　通**：JR 松戸駅から新京成線「上本郷」下車　徒歩 2 分
- **問い合わせ先**：ビリジアン　絵画教室
千葉県松戸市南花島 3-37-2　ブレーンワンビル 3 F
TEL：047-364-1947
http://www.ka7.koalanet.ne.jp/~viridian/

■ 大人が楽しむスケッチの会　"ニウニウ"クラブ

　シルバーアクセサリー作家でもあるヒラオカタマコさんによる、大人のための絵画教室。STEP1では鉛筆によるスケッチの基本からはじめ、STEP2で水彩画に挑戦。各ステップ終了時に作品の中からお気に入りのものを1点選び、ポストカード（実費）にしてくれる。

〈講座の内容〉
　　STEP 1　鉛筆画　全6回
　　STEP 2　水彩画　全6回

教室開催日：第2・4木曜日（月2回）午後13:30～17:00の間の1.5時間程度。
費　用：入会金5,000円、講習費4,000円（月2回分）。
教室の場所：泉の森会館　小会議室
交　通：小田急線狛江駅（北口）下車　徒歩1分
問い合わせ先："ニウニウ"クラブ
　TEL：03-3480-2315
　http://www.niwniw.com

■ パソコンで水彩画　　夢具箱

　描いた画像を取り込むだけではなく、画面をキャンパスにして絵を描いたり、デジカメ画像を下書きにしたり…パソコンによる絵画は、今では新しい美術の1分野。フォトショップや水彩7など、ソフトもいろいろ充実してきた。

　ここはパソコンを使って絵を描いてみたい初心者のための絵画教室。ただし、定員が少ないので、満員の可能性もあり。

問い合わせ先：夢具箱（申込みはメールのみ）
　http://yumegubako.gozaru.jp/

■ 臨床美術士養成講座（5級）
　芸術造形研究所

　福祉や教育の現場で、美術の手法を使って受講者の脳を活性化する臨床美術士。ここでは単に絵を学ぶのではなく、美術が持っているさまざまな潜在能力と、その活かし方を教えている。絵が苦手、美術にコンプレックスがあるという人も、その思いこみががらりと変わってしまう驚きの講義内容。受講料は高いがステップアップすることで臨床美術士として活躍できる可能性もある。

〈講座の内容〉
年4回開講（1月期・4月期・7月期・10月期）
週1回（全6回）
水曜日または土曜日 10:30 〜 16:30
費　用：162,600 円
交　通：JR お茶の水駅（お茶の水橋口）から徒歩1分
問い合わせ先：芸術造形研究所
〒101-0062　東京都千代田区神田駿河台2-1　OCC ビル7 F
TEL：03-5282-0210
http://www.zoukei.co.jp/

■ アートスタジオ　Nakameguro

　2009年に銅版画家の永井雅人さんが開設した銅版画教室。油絵や水彩画を教えてくれる教室はたくさんあるが、銅版画を学べる場所は希少。この教室は立地が良いだけではなく受講料も良心的。現役アーティストが丁寧に指導してくれることも見逃せないメリット。

〈講座の内容〉
教室開催日：毎週土曜日・日曜日 13:00 〜 16:00（平日は2人以上から開講）
費　用：入会金無料。

月1回コース月謝 4,000 円
月2回コース月謝 7,000 円
月3回コース月謝 10,000 円。
交　通：JR 恵比寿駅及び東急東横線代官山駅から徒歩5分
問い合わせ先：アートスタジオ　Nakameguro
　東京都目黒区中目黒 1-1-17　恵比寿苑 407
　TEL：090-8115-3302（永井）
　http://plaza.rakuten.co.jp/masatonagai/

ちょっと耳よりな話

描いた絵を、観てもらいたい！という人のためのインターネット美術館

　絵が上達した。作品がたまった。となると「もっと多くの人に自分の作品を鑑賞してもらいたい」と思う気持ちがわきあがってくるもの。画廊を借りて個展を開くのは大変ですが、インターネット画廊なら、作品を無料で展示することも可能。そうしたサービスを実施している一つのホームページが、以下のサイト。すばらしい作品も集まっている。

インターネット美術館
http://www.paa.gr.jp/gl/

音楽教室

楽器を自在に操りながら、好きなあの曲を演奏する。団塊の世代であれば、一度はギター演奏などを夢見た人も多いのではないでしょうか。最近の大人向け音楽教室では、定員の半数以上が50歳以上となっているところも少なくないとのこと。中高年から楽器をスタートする人のために楽譜をアレンジしたり、希望曲1曲だけを徹底的に練習するなど、工夫を凝らす教室が増えています。ピアノ、ギター、ヴァイオリン、ウクレレ、サックス…。あなたの憧れの楽器は何ですか？

■ カワイ音楽教室

50歳からの楽譜がまったく読めない人のためのピアノコース

大人のミュージックスクールとして、ピアノはもちろん、サックス、ギター、バイオリン、大正琴、二胡などの教室も開講しているカワイ楽器。「50歳からの楽譜がまったく読めない人のためのピアノコース」を開講した。楽譜に「ドレミ・・」と階名が入っているので、気負わずにピアノに向かうことができる。

問い合わせ先：カワイ音楽教室
http://www.kawai.co.jp/school/popular/

■ ヤマハ音楽教室

50歳からの音楽レッスン

ご存じヤマハの音楽教室。大人ピアノコース、大人のギター、大人のための音楽入門講座の他に、50歳からの音楽レッスン（12教科）という講座も開講している。教室は全国にあるので、ホームページなどで近くの教室を探してから連絡するのがベター。

〈50歳からの音楽レッスン　講座の内容〉

楽器未経験者・初心者対象。

　ピアノ、フルート、サクソフォン、クラリネット、トランペット、バイオリン、チェロ、アコースティックギター、ドラム、ウクレレ、オカリナ、音楽入門講座の中から選ぶことができる。レッスン形態はグループレッスン。

1講座60分、月2回、3ヶ月（計6回）

費　用：5,250円／月
教室数：全国で90会場
問い合わせ先：ヤマハ音楽教室
http://www.yamaha-ongaku.com/pms/index.html

■ローランドRMS音楽教室

大人が楽しむための音楽コースとして、ポピュラーミュージックコースや、大聖堂に響くような音色のクラシックオルガンコース、パソコンを使って作曲するコンピューター・ミュージックコースなど、ローランドらしいユニークな講座が用意されている。その他、自分が大好きな1曲を短期間でマスターする「1曲マスターコース」が、ピアノ、オルガンのそれぞれのコースにある。

〈1曲マスターコース　講座の内容〉

個人レッスン毎週1回30分（全10回）または隔週1回60分（全5回）

問い合わせ先：ローランドRMS音楽教室
http://www.rmstudio.jp/guide/course/enjoy/

ちょっと耳よりな話

中高年のためのインターネットマガジン。中高年の「元気が出るページ」

　45歳以上の人たちの作品発表と情報交換を目的に創刊されたインターネットマガジン。オープンして12年、アクセス数は30万を突破。エッセイや写真、食、旅など内容はさまざまだが、無記名の投稿は採用されない。

http://www.genkigaderu.net/

盆栽

「盆栽が趣味です」というのには、ある程度の年齢が必要だと思っていました。50歳を超えたら、堂々と言える…ところが最近では、若い女の子の間でも「かわいい」という理由で盆栽が評価されているとか。さらに外国でも評価はウナギ登り。かわいいだけではない和の心意気を学ぶために、埼玉県さいたま市の盆栽町にある老舗盆栽園が主催する盆栽教室を紹介します。

▍清香園　彩花盆栽教室

　江戸時代嘉永年間に創業した同社が主催する盆栽教室。園内にある一流の盆栽を眺めながら、古くから伝わる確かな技術を学ぶことができる。盆栽町本校の他に、表参道校も2009年にオープンした。

〈講座の内容〉

　盆栽町本校　初級クラス

開催日：第1日曜日（午前）、第4火曜日（午前・午後）の中から好きな日を選択。

費　用：入会金10,500円、受講料及び材料費63,000円、合計1年間で73,500円。

　1日体験入学も受け付けている（要予約。講座代・材料代は、盆栽町本校が4,200円、表参道校が5,250円）。

問い合わせ先：清香園

〒331-0805　埼玉県さいたま市北区盆栽町268

TEL：0120-038-480 ／ 048-663-3991　FAX：048-663-3974

（営業時間 9:00～17:00　木曜日定休）

http://www.seikouen.cc/

ちょっと耳よりな話

超初心者のためのパソコンスクール　パソカレッジ

　もう年だから、いまさらパソコンなんて…などと思ってはいけない。これからは、新鮮な情報のほとんどがインターネット経由でやってくる。テレビも新聞も時代においていかれてしまう。それならば「今こそパソコン」と腹をくくって、パソコン教室に通ってみてはどうだろうか。はっきり言って初心者向けパソコンスクールは山ほどある。どこがいいかは行ってみなければわからないが、とりあえず「超初心者」にも優しく教えてくれそうなスクールを1ヶ所紹介しておこう。

　パソカレッジ（超初心者大歓迎ワクワク系パソコン教室）。個別指導で、自分の好きな日時に学ぶことができ、ノートパソコンの持ち込みも可能。キーボードをまったく触ったことがない人から、特定のソフトを習熟したい人まで講座は約200種類。教室数も多く全国展開している。ちなみに東京エリアでは、高田馬場、足立区（西村）、昭島市（拝島）、杉並区（荻窪）、浅草橋で開講している。

資料請求は 03-3368-6371
http://www.pasocollege.com/

家庭菜園

　趣味と実益を兼ねてという言葉がもっともぴったりするのが、家庭菜園。はじめての野菜づくりは、土づくりから肥料の与え方、剪定方法までわからないことだらけです。そこで、おいしい野菜を育てるために、経験豊かな講師に栽培の秘訣を教わるのが早道。通信講座はいろいろありますが、やっぱり実際に土に触れ、植物を目の前にしながら技術を習得してはいかがでしょうか。

■「田舎の学校」

　ゼロから始める家庭菜園実習
　農業体験や田舎暮らし関連の生涯学習を企画している会社が立ち上げた、首都圏の家庭菜園教室。三鷹、武蔵野、船橋、美里に各教室があり、農家や農業専門家などが講師になっている。他にもハーブ栽培実習や、里山の落ち葉集め、果樹栽培などさまざまな企画を行い、ホームページ上で参加者を募集している。

〈家庭菜園実習　講座の内容〉
　三鷹教室（東京都三鷹市北野　石井農園）
　武蔵野教室（東京都練馬区立野町　井口農園）
　船橋教室（千葉県船橋市豊富町　飯島農園）
　美里教室（埼玉県美里町猪俣　武蔵野市場前の畑）

費　用：入会金5,000円、受講料35,000円〜50,000円（実習地によって異なる）。

問い合わせ先：田舎の学校
　〒150-0031　東京都渋谷区桜丘町20-1　渋谷インフォスタワー15F
　NTC（株）内「田舎の学校」事務局
　TEL：03-5456-1362　FAX：03-5456-1363
　http://inaka.ntciis.ne.jp/

■ 週趣農人 hototo（ホトト）

農業実践スクール

　気軽に出来る田舎暮らしの第一歩として、野菜作りなどの農作業を実際の畑で体験してもらおう！というコンセプトの農業スクール。活動の拠点は東京から約90分の山梨県山梨市。農業の魅力を積極的に伝える試みとして、雑誌などでもたびたび紹介されている。授業内容は、週1回の「週末農業コース」と、土日を使った宿泊型の「年間農業コース」の他、1日から体験できる短期イベントも催してる。農業に興味がある人、田舎暮らしを考えている人に、お薦めしたい。

〈週末農業コース　講座の主な内容〉
- ・週末にできる農業と無農薬野菜づくり
- ・収穫した野菜を調理したり、持ち帰ったり
- ・保存食の作り方指導
- ・卒業後に農業を継続したい方に、農地を準備

春コース土曜クラス（12回）、春コース日曜クラス（12回）
夏コース（12回）

費　用：授業料1コース全12回、96,000円。
講義場所：山梨県山梨市牧丘町そまぐち1010
交　通：JR中央線塩山駅から送迎
問い合わせ先：hototo（ホトト）
　〒404-0002　山梨県山梨市牧丘町そまぐち1010
　TEL：0553-35-2678　FAX：0553-35-3651
　http://www.syunou.com/

大　工

　木工は大人の男が憧れる趣味の一つです。椅子やテーブルなどを「自分が選んだ木」「自分らしいデザイン」で作ってみたいけれど、技術と時間が足りず断念していた人も多いのではないでしょうか。セカンドステージの人生なら、時間は十分。まずは道具の使い方から学んでいきましょう。

■ みんなの木工房

　東急世田谷線世田谷駅から徒歩3分。住宅街にたたずむ木工教室がココ。木工初心者のために、「国産木材で時計を作ろう」「Myスプーン＆フォークを作ろう」といった企画コースが用意されている。また、木工具の講習会や自宅で木工を楽しむ人のための木材カットなど、木工を趣味にする人の味方になってくれそうな工房である。

〈国産木材で時計を作ろう　講座の内容〉
　　日　時：都合の良い日時（要予約）2～4時間程度
　　費　用：7,000円（材料代含む）
〈Myスプーン＆フォークを作ろう　講座の内容〉
　　日　時：都合の良い日時で、計3回（要予約）
　　費　用：5,000円（材料代含む）
交　通：東急世田谷線世田谷駅から徒歩3分
問い合わせ先：みんなの木公房
　東京都世田谷区世田谷1-5-10
　TEL：03-3439-2022（10:00～17:30　火曜日、水曜日定休）
　http://www.h4.dion.ne.jp/~workshop/diysuki.html

■ 仏像彫刻入門　産経学園

　日本で最初のカルチャーセンターとして知られる産経学園。大人の趣味にふさわしい講座もいろいろ用意されている。その中で今回注目したのが「仏像彫刻」。入門講座では、小刀の使い方から、基本、手、足、面と少しずつカリキュラムを進めていく。自分のペースで仏像彫刻を進めながら、奥の深い世界に没頭することができる。

〈講座の内容〉

仏像彫刻入門　新百合ヶ丘校

開講日：第1、3水曜日 12:30 ～ 14:30
費　用：受講料 15,750円（3ヶ月）、施設維持費 945円
交　通：小田急線新百合ヶ丘駅南口
問い合わせ先：新百合ヶ丘産経学園
　〒215-0021
　神奈川県川崎市麻生区上麻生1-4-1 新百合ヶ丘エルミロード6F
　TEL：044-965-0931
　http://www.sankeigakuen.co.jp

＊なお仏像彫刻講座は、自由が丘校、蒲田校、吉祥寺校でも開講されている。

■ ソリウッド木工教室

　課題制作を通して基礎から家具作りを学ぶ本格的木工教室。無垢の木にこだわる家具製作メーカー soliwood の、緑に囲まれた相模湖工房に1年間通いながら、道具の使い方からじっくり学ぶことが出来る。初心者でも女性でも無理なく技術を習得可能。都内はもちろん、千葉や埼玉から通っている受講者も多い。

〈講座の内容と費用〉

開催日時：毎月第3日曜日 9:30 ～ 17:00
期　間：4月から1年間（全12回）
定　員：10名

費　用：入会金 21,000 円
　　　　　教材費 12,600 円
　　　　　講習費 15,750（1ヶ月分）
　　　　　その他　道具一式を揃えると 53,250 円
交　通：JR 中央線相模湖駅から送迎。
問い合わせ先：ソリウッド・プロダクツ株式会社　相模湖工房
〒 229-0211　神奈川県相模原市相模湖町寸沢嵐 2536-4
TEL：042-685-2330　FAX：042-685-1567
http://www.soliwood.com

ちょっと耳よりな話

50 歳からの生活を応援する情報サイト　AllAbout　セカンドライフ

　セカンドライフといってもバーチャルな世界のセカンドライフではない。こちらは現在を前向きに生きる定年後世代のための総合情報サイト。すでに閲覧している人も多いかもしれない。トップページからは情報の多さがわかりにくいが、キーワード検索、サイト内検索などで、目的の言葉をインプットすると、さまざまなサイトに案内してくれる。

http://allabout.co.jp/

2. 大学で学ぶ

オープンカレッジ

　人生、いくつになっても勉強というけれど、時間にゆとりができた今こそ「自分がほんとうに学んでみたかったこと」に挑戦できる最良の時。
「どうせ学ぶなら、大学で、一流の専門家の講義を受けてみたい」
　というあなたにお薦めしたいのが、申込みさえすれば講義を受けることが出来るオープンカレッジ（公開講座）だ。
　最近は若年層の人口減少の影響で、社会人を積極的にキャンパスに招く大学が増えている。あこがれのあの大学で、あの有名な教授の講義を聴く。ということが実現できるようになっている。
　オープンカレッジの場合、入試試験のようなものは必要ない。
　申込みを行い、受講費用を支払えば、ほとんどの場合 OK である。
　ただし、受講人数には限りがあるので、人気がある講座はすぐ定員いっぱいになってしまう。各大学のホームページなどでこまめに情報を集め、「これだ！」と思ったら迷わず申し込むこと。以下は、社会人を対象にしたオープンカレッジに力を入れている大学の一例。

■ 早稲田大学エクステンションセンター
　早稲田大学の教育・研究機能を社会に開放することを目的に設立。大学としては国内最大級の生涯学習機関であり、同センターが主催する公開講座「早稲田大学オープンカレッジ」は、昼夜合わせて約 1,500 講座にも及び、述べ3万人以上が受講している。

● 講座の一例　早稲田校 ●	
「万葉集」を読む	「大和物語」を読む
聖書と文学	原文で楽しむシェイクスピア
映画のなかの東京	足利尊氏の足跡をたどる
日本建築と日本庭園を守り、作る	歴史的町並みの景観の魅力
昭和を彩った歌を考える	ボヘミアの大地とプラハの文化
オリエントの考古学	歌舞伎講座・鑑賞会 （国立劇場にて歌舞伎を観る）
仏教の「こころ」と「かたち」	奈良仏教美術案内
ヴェネツィア派の成立	水彩自由画教室
書道に親しむ	西洋の哲学と東洋の思想
生命倫理	チベット仏教入門
心豊かに生きるためのお金の話	漢方と手のツボ健康法
人を惹きつける話し方	活断層と地震
経営コンサルタント養成講座	12時間で学ぶMBAエッセンス
インポートビジネス実践塾	「年金アドバイザー3級」合格講座
アンチエイジング・フィットネス	社会人のための楽しいレスリング
英語（入門～基礎～初中上級講座までさまざま） ・シニア世代（50歳以上）のための英語講座（入門） ・原書で味わう「ピーターラビット」（中級） ・D.H.ロレンスの世界に分け入る	
外国語（ドイツ語、フランス語、イタリア語、スペイン語、中国語など）	

〈申込み方法〉

・TEL：03-3208-2248　※ 9:30 ～ 17:00 日曜祝日休み

・FAX：03-3205-0559　※ FAX 申込みは、夜間・日曜日の講座のみ。

・Web（講座検索のページから受講したい講座を選択…）

・窓口

問い合わせ先：

http://www.ex-waseda.jp

早稲田大学エクステンションセンター　早稲田校

〒169-8050　東京都新宿区西早稲田1-6-1
　　TEL：03-3208-2248　FAX：03-3205-0559
　早稲田大学エクステンションセンター　八丁堀校
　　〒104-0032　東京都中央区八丁堀3-17-9　京華スクエア3F
　　TEL：03-5117-2073　FAX：03-5117-2074

■ 明治大学リバティ・アカデミー

　明治大学の生涯教育の拠点として、1999年4月に開講。現在は約320講座、受講者数は約18,000名。入会金3,000円を支払い会員となることが受講の前提だが、会員でなくても参加できるオープン講座もある。また、インターネットを使ったe－ゼミナールも行っている。

● 講座の一例 ●	
経営ゼミナールP.F.ドラッカーに学ぶ	不況抵抗力をつける経営改善セミナー
株式投資ゼミナール	知っておきたい外国為替の常識
NPO法人の経営学	観光プロデューサー入門講座
文化としての生老病死	日本人の感性とデザイン
オペラの愉しみ	コンサートホールで歌おう！ 　日本の名曲
俳句大学（初・中・夜間クラス）	ギリシア神話と芸術
漆アカデミー	「伊勢物語」を読む
全国古寺社めぐり	じっくり学ぶ 　幕末から明治期の政治と社会
西洋古版本の手ほどき	税理士合格対策講座
社会保険労務士合格対策講座	貿易実務合格対策講座
色彩心理	事例で学ぶ相続

〈入会方法〉
　ホームページからオンラインで簡単に入会登録することができる。
問い合わせ先：明治大学リバティアカデミー事務局

〒101-8301　東京都千代田区神田駿河台1-1
明治大学駿河台校舎アカデミーコモン11F
TEL：03-3296-4423　　FAX：03-3296-4542
http://academy.meiji.jp

■ 東京農業大学エクステンションセンター

「食と農」「健康」「環境」「資源エネルギー」など、農大らしいテーマを切り口としたユニークな講座が並ぶ。体験型・参加型の講座が多いのも特徴。

● 講座の一例 ●	
「庭園・公園・造園」新たなビジョン	進士五十八の造園学
紅葉の北アルプス白馬山麓の植物を訪ねて	香りの科学と美学
目で見る生命現象	発酵食品の微生物を見てみよう
樹木の総合診断	包丁の研ぎ方
沖縄県宮古島の自然・文化と農業体験	鮫川村・里山まるごと体験学校
みそ・しょうゆ・酢・あま酒・麦汁・納豆をサクサクつくる	
世界でひとつ、オリジナル味噌づくりツアー	
料理を楽しむ食中酒講座	大学で学ぶヨーグルト講座
チーズ通になる	中国茶の魅力に出会う
園芸ボランティア	メディカルハーブの基礎講座
園芸福祉士養成講座	多摩川源流大学

〈申込み方法〉
　TEL：03-5477-2562　※ 9:00～16:00
　http://www.nodai.ac.jp/extension/（エクステンションセンターホームページの講座申込から）

3. 資格を取る

　たとえばあなたがセカンドステージで介護の仕事をしたいのであれば、ホームヘルパー2級の資格はぜひ取得したいところです。居酒屋を開店するのであれば、きき酒師の資格をもっていることでお客さんとの会話がはずむかもしれません。
　社会貢献するために、就活に役立てるために、役に立ちそうな資格をいくつかご紹介します。

ホームヘルパー2級

　介護分野で働きたい人がまず取得する必要がある入門資格。介護施設、病院、自治体のホームヘルプサービスなどで働く場合にも、この資格をもっていることが最低条件となることもあります。仕事の内容としては調理や掃除の他、入浴、排泄などの身体介護も担います。

〈受験資格等〉
　ホームヘルパー2級は短期間（3〜6ヶ月）の講習で学べ、試験がない。講座を修了すると同時に、資格が与えられる。
　受講資格：学歴、年齢、経験等一切問われない。介護現場で経験を積むことで、介護福祉士などへの道も開かれる。

〈受講方法〉
　厚生労働省が認定した事業者の講習か、自治体が行っているホームヘルパー養成研修を受講する。問い合わせは、各市区町村の担当課へ。

マンション管理士

　定年退職後の中高年に人気の高い資格の一つです。マンション修繕などの技術的問題や、管理組合の運営などについて、専門的知識をもとに助言・指導することを業務とします。2001年に誕生した国家資格。マンション建築ラッシュ、老朽化マンションの増加などに伴い、活躍が期待される資格といわれています。

〈試験内容等〉
　試験では民法や不動産登記法、マンションの構造・設備など幅広い知識

が問われるため、専門の学校で勉強することが合格の近道となる。試験は年1回行われる。

〈合格講座の一例〉
- 大原／教室通学、映像通学、DVD通信
　　費　用：54,000円～
　　教室通学コースを実施しているのは、
　　　・札幌校（011-707-0088）
　　　・東京水道橋校（03-6740-0008）
　　　・立川校（042-528-5381）
　　　・大宮校（048-647-3399）
　　　・名古屋校（052-582-7733）
　　http://www.o-hara.ac.jp
- LEC東京リーガルマインド／通学、通信
　　http://www.lec-jp.com
- ユーキャン／通信教育
　　費　用：58,000円（分割払い可）
　　http://www.u-can.co.jp

森林インストラクター

　森林インストラクターとは、森を利用する人に知識を伝えたり、野外活動の指導を行う人のこと。社団法人全国森林レクリエーション協会が、資格認定を行っています。地球環境問題が身近な話題となる昨今、「森の案内人」として活躍する機会が増えそうな資格ともいえます。

〈試験内容等〉
　一次試験が記述と筆記、二次試験が実技と面接。毎年1回、全国の指定

会場で行われる。
　認定試験はだれでも臨むことができるが、同協会が行っている「森林インストラクター養成講習」を受ける方がいいだろう。

■ 森林インストラクター養成講習

　森林、森林内の野外活動安全及び教育、林業の３科目を個別に受講する場合と、全科目を８日間かけて一気に学ぶ場合の２つの講習が用意されている。個別講習の場合は、１科目19,000円、全科目講習の費用は52,000円となっている。

問い合わせ先：社団法人　全国森林レクリエーション協会
　〒112-0004　東京都文京区後楽1-7-12　林友ビル６F
　TEL：03-5840-7471　FAX：03-5840-7472
　http://www.shinrinreku.jp

臨床美術士

　絵画のところでも紹介しましたが、これから人気が出る資格の有力候補です。もともとは認知症の予防・改善からスタートした臨床美術は、絵画や造形など本格的な美術制作を通して、人間の脳を活性化するプログラム。介護の現場はもちろん、教育、医療、能力開発、セルフケアなどさまざまな場面で活躍が注目されています。

〈内容等〉

　美術にはまったく自信がない人でも、資格を取得することが可能。入門コースとなるのが５級。４級、３級と進むにはそのたびに芸術造形研究所が主催している講習を受け、試験に合格する必要がある。資格を認定しているのは、日本臨床美術協会。

■ **臨床美術士５級養成講座**
年４回開講（１月期・４月期・７月期・10月期）
週１回（全６回）
水曜日または土曜日　10:30 ～ 16:30
費　用：162,600 円
交　通：JR お茶の水駅（お茶の水橋口）から徒歩１分
問い合わせ先：芸術造形研究所
〒101-0062　東京都千代田区神田駿河台 2-1　OCC ビル７F
TEL：03-5282-0210
http://www.zoukei.co.jp/

普通救命講習

　これは資格ではありませんが、多くの人にぜひ受けて欲しい講習。事故などで心肺停止に陥った時、漠然とした救命の知識はあっても、本当にやくだつ知識と技能を身につけている人は多くありません。救命の基礎をしっかり身につけた人が増えれば増えるほど、社会の安心度は増してくるはずです。ぜひ、講習へ。

〈内容等〉
　心肺蘇生、自動体外式除細動器（AED）の使用方法、窒息の手当、止血の方法など
受講資格：都内在住、在勤、在学
講習時間：３時間
講習場所：麹町消防署３F 他
費　用：教材費 1,400 円
問い合わせ先：公益財団法人　東京救急協会

TEL：03-5276-0995（平日の9:00〜16:00）
http://www.teate.jp

野菜ソムリエ

　フードコーディネーターや料理研究家、レストラン経営者、果物店関係者以外の人が、この資格をもっていてもどのように活用できるのかはちょっと不明ですが、持っているとオシャレなので紹介します。資格を認定しているのは日本ベジタブル＆フルーツマイスター協会。野菜や果物の旬や産地、栄養、おいしさなどをわかりやすく伝えていくスペシャリストが、ベジタブル＆フルーツマイスター（通称野菜ソムリエ）とのこと。

〈内容等〉
　資格には、ジュニアマイスター、マイスター、シニアマイスターの3段階があり、まずジュニアマイスターのカリキュラムを受講し、試験に合格することがステップアップの条件。

ジュニアマイスターコース
（講義は全7回）
費　用：受講料133,350円
問い合わせ先：日本ベジタブル＆フルーツマイスター協会
　TEL：03-5489-8636（平日10:00〜19:00）
　http://www.vege-fru.com

53

きき酒師と焼酎アドバイザー

　この２つも、「持っているからといってどうなる」とも言い難い資格かもしれません。しかし今まで飲酒に励んできた中高年にとっては、持っているとそれなりに格好いい資格であることは確かです。

〈内容等〉

　試験を受けるための受講コースに、１日コースが設定されていて、ほとんどの人がこのコースを選ぶとのこと。受講後は試験まで自宅で復習し、いざ本番にのぞむ。試験内容は、筆記１、筆記２、テイスティング、サービスの４つからなっている。

【きき酒師　１日コース】
　開催日時：随時／時　間：9:00～18:30
　会　場：日本ソムリエスクール（北区堀船）
　費　用：受講費用 55,000 円

【焼酎アドバイザー　１日コース】
　開催日時：随時／時　間：9:00～18:30
　会　場：日本ソムリエスクール（北区堀船）
　費　用：受講費用 40,000 円

問い合わせ先：日本酒サービス研究会・酒匠研究会連合会
　〒114-0004　東京都北区堀船 2-19-19　8Ｆ
　TEL：03-3912-2194
　http://www.sakejapan.com/

4.ボランティアをする

　退職後これまでの自分のキャリアを生かして、あるいは新たな活躍の場を求めて、ボランティア活動に参加する人も多いそうです。一口にボランティアといってもそのジャンルは幅広く、高齢者の在宅生活を支援するNPOに参加したり、地域コミュニティ活性化に取り組む仲間になったり、募金活動に参加したり…その他にも、通学途中の子供たちの安全を見守る地域ボランティア、砂浜清掃や里山整備などの環境ボランティア、観光ガイドボランティアなど、住んでいる地域によっても求められる内容が違っています。

　さらに発展途上国でのシニアボランティアも活況を呈しています。

　中高年の参加が多いボランティアとしては、街づくり活動や環境ボランティア、次が介護関連などのボランティア、そして文化・芸術関連も人気が高くなっています。

　では実際にボランティアをしたい場合、どこに連絡をすればよいのでしょうか。

市区町村が運営しているボランティアセンター

（ボランティア支援センター、ボランティア市民活動センターなど自治体によって名称は異なる）

　ここに連絡すると、現在その地区でどのようなボランティアを募集しているのかなど情報を入手することができる。

■ 青年海外協力隊（JICA）

シニア海外ボランティアを募集している

〒150-0012　東京都渋谷区広尾4-2-24JICA地球ひろば内

JICAボランティア　募集選考窓口

TEL：03-3406-9900（平日の9:30～12:30　13:15～17:45）

http://www.jica.go.jp/

■ 特定非営利活動法人　日本国際ボランティアセンター（JVC）

〒110-8605　東京都台東区東上野1-20-6　丸幸ビル6F

TEL：03-3834-2388（平日10:00～18:00）

http://www.ngo-jvc.net/

5. 旅に出る

　旅は男のロマン。時間とお金に余裕がある今だからこそ、これまでずっと心の中で温めてきた自分らしい「旅」を実現していこうではありませんか。旅の目的、行き先、乗り物、スタイル、日程、ゴージャス旅か貧乏旅行か、ゆったりのんびりかそれとも冒険か…それはあなた自身が「これでよし」と思えばいいことです。ここでは、「こういう旅もあるんだな」というサンプルをいくつか紹介していきます。

　ちなみに、研究によると「旅のプランを自分で考えることは、認知症予防に効果がある」といいます。海外旅行などのパック旅行も時にはいいけれど、やはり自分で計画を立てるところから始めてみようではありませんか。

四国八十八ヶ所巡り

　弘法大師ゆかりの霊場をまわるお遍路さんの旅。四国では世の中の世情が乱れるとお遍路さんが増えるといわれていますが、中高年の間ではひそかにお遍路さんブームが沸き上がっているそうです。自家用車やツアーバスで気軽に巡るのもいいけれど、ここは一つ、白装束に身を包み、歩いて旅してみてはどうでしょうか。約40日の行程といわれていて、八十八ヶ所すべてを回ると決願成就。その後で高野山奥の院に詣でると満願成就となります。

〈アドバイス〉

　八十八ヶ所巡りの入門書は数多く出版されている。コースの一部を使ってハイキングするウォーキングガイドもある。また、さまざまな旅行会社がお遍路ツアーを実施している。とはいうものの、どれくらいお金が必要なのか、どのようなものを揃えたらいいのか全く見当がつかないという人も多いはず。お遍路さんの情報は、下記の場所で集めることができる。

■ NPO法人　遍路とおもてなしのネットワーク

〒761-0104　香川県高松市高松町2306-3
TEL：087-843-4445
http://www.omotenashi88.net

ちょっと耳よりな話

旅にお得な JR チケット　青春 18 切符

1日 2,300 円で JR 全線の普通列車（快速を含む）が乗り降り自由。鉄道の旅を語る上ではなくてはならないお得な切符。18歳以下限定の切符と勘違いされがちだが、年齢制限等は一切ない。有効期限は切符1枚当たり1日、夜行列車など日付をまたぐ列車の場合は、0時を過ぎて最初に停車する駅までが有効期限となる。普通列車でどこまで行くことが出来るのか挑戦するのも面白い。

なお青春 18 切符は 5 枚綴り（2,300 円券 × 5 枚 = 11,500 円）で発行される。5人で1枚ずつ分け合っても OK。ただし発売・利用は、その年の春、夏、秋の3回の限定された期間のみ。ちなみに子供料金は設定されていない。

土日切符

フリーエリア内の特急（新幹線含む）・急行・普通列車の自由席を、連続する土日の2日間利用できる JR 東日本の切符。フリーエリアは首都圏を中心に、安房鴨川、伊豆急下田、南小谷、新潟、湯沢、古川、石巻…と広範囲に及んでいる。発売は、利用日の1カ月前から。あらかじめ座席の指定を受ければ、4回に限り普通車指定席を利用することもできる。

料金は大人 18,000 円、中高生 9,000 円、子供 3,000 円。

一人で泊まれる宿のことなら

旅館は1人だろうが2人だろうが泊まれるだろう、と思っている人は考えが甘い。ビジネスマン御用達のビジネスホテルやシティホテルならともかく、地方の旅館などでは「1人です」と告げると、宿泊を断られることもしばしばある。経営的に損だからなのか、うさんくさいと思われてしまうからなのか、その辺はよくわからないが…。予約なしで旅行に出かけて旅先で嫌な思いをしないためにも、「一人で泊まることができるか」はなるべく調べておきたいものだ。

じゃらん『一人旅歓迎の宿に泊まろう』
http://www.jalan.net/jalan/doc/theme/hitoritabi/hitoritabi_index.html
JTB『"ひとり旅"満喫プラン』
http://dom.jtb.co.jp/yado/List.aspx?ty=hitori_p

桜を追う旅

　桜前線は南からやってきます。吉野桜をはじめ、全国に点在する桜をもとめて、開花情報に合わせて旅をしている人がいます。カメラで桜を追うのもよし、スケッチ旅もよし、温泉と組み合わせるのも悪くないかもしれません。

〈桜の名所を探すなら〉
■ 財団法人日本さくらの会
　http://www.sakuranokai.or.jp/

世界遺産の旅

　日本には 14 ヶ所も世界遺産があります。その一つひとつをくまなくまわり、日本が終わったら海外へ。「旅」という行動を起こすきっかけとして、世界遺産を使うのも悪くない考えです。

〈日本の世界遺産は下記の通り〉
■ 文化遺産
1. 法隆寺地域の仏教建造物（1993 年 12 月登録）所在地：奈良県
2. 姫路城（1993 年 12 月登録）所在地：兵庫県
3. 古都京都の文化財（1994 年 12 月登録）所在地：京都府、滋賀県
4. 白川郷・五箇山の合掌造り集落（1995 年 12 月登録）所在地：岐阜県、富山県
5. 原爆ドーム（1996 年 12 月登録）所在地：広島県
6. 厳島神社（1996 年 12 月登録）所在地：広島県
7. 古都奈良の文化財（1998 年 12 月登録）所在地：奈良県

8. 日光の社寺（1999年12月登録）所在地：栃木県
9. 琉球王国のグスク及び関連遺産群（2000年12月登録）所在地：沖縄県
10. 紀伊山地の霊場と参詣道（2004年7月登録）所在地：三重県、奈良県、和歌山県
11. 石見銀山遺跡とその文化的背景（2007年6月登録）所在地：島根県

■自然遺産
1. 屋久島（1993年12月登録）所在地：鹿児島県
2. 白神山地（1993年12月登録）所在地：青森県、秋田県
3. 知床（2005年7月登録）所在地：北海道

〈世界遺産の情報なら〉
■ 社団法人　日本ユネスコ協会連盟
http://www.unesco.jp/contents/isan/

路面電車の旅

　函館、富山、広島、高知…路面電車が活躍している街は、意外とたくさんあります。それにしてもなぜ路面電車が走っていると「ほっとする」のか。クルマだらけのあわただしさとは違う時間がそこに流れているからかもしれません。路面電車、実は海外でも結構走っている街があります。このように自分が興味ある対象に的を絞って、旅を組み立ててみるのも面白い考えです。

〈路面電車が走る街〉
北海道札幌市（札幌市交通局）　　　北海道函館市（函館市交通局）
東京都豊島区・荒川区（都電荒川線）　東京都世田谷区（東急世田谷線）

富山県富山市（富山地方鉄道）	富山県富山市（富山ライトレール）
富山家高岡市（万葉線）	福井県福井市（福井鉄道）
京都府京都市（京福電気鉄道）	愛知県豊橋市（豊橋鉄道）
大阪府大阪市・堺市（阪堺電気軌道）	岡山県岡山市（岡山電気軌道）
広島県広島市・廿日市市（広島電鉄）	愛媛県松山市（伊予鉄道）
高知県高知市・南国市・いの町（土佐電鉄）	
福岡県北九州市（筑豊電鉄）	長崎県長崎市（長崎電気軌道）
熊本県熊本市（熊本市交通局）	鹿児島県鹿児島市（鹿児島市交通局）

朝市の旅

　朝市は面白い。地元の旬の食材がほんとうによくわかります。安くて新鮮な魚や野菜を購入したら、すぐに宅急便で自宅へ送るか、自炊設備のある宿泊施設で料理するといいでしょう。

　これも目的別旅の一例としてとりあげてみました。あなたが実際に旅を組み立てる際には、朝市である必要はありません。露天風呂の旅でも、B級グルメの旅でも、滝めぐりでも、船下りでも、自分が興味あるものにとことん付き合ってみるのも旅の形の一つです。

〈全国の朝市情報なら〉
■ 朝市ネットワークサービス
　http://www.asaichi.ne.jp/

6. 田舎暮らし

　退職したら田舎でのんびり暮らしたい。広い庭で家庭菜園でもしながら自給自足の生活をエンジョイしたい。都会の喧噪を離れ、田舎で暮らすことを夢見ている男性も多いのではないでしょうか。しかし田舎暮らしを成功させるには、いくつか知っておかなければならないことがあります。

①**家族、特に奥さんは賛成しているかどうか。**

奥さんが田舎暮らし積極派で、旦那がしぶしぶこれについて行くケースでは田舎暮らしに成功することが多いそうです。ところがその逆はたいへん。まずは、奥さんをどのように巻き込めるかが田舎暮らし成功の第一歩。

②**そこで何をしたのか？**

ただのんびりしたいのか、野菜を育てるのか、毎日釣りをして過ごすのか。それとも喫茶店やレストランなどを開業するのか、陶芸を楽しむのか…新しい環境で何をしたいのかを具体的に考え、それからエリアを絞り込んでいきましょう。

③**田舎暮らしは近所との付き合いが濃厚。**

最近は積極的にシニアの田舎暮らしを受け入れている市町村も増えており、以前より受け入れ体勢はよくなっています。しかしそれでも田舎で暮らすことは、人付き合いが前提です。毎日のあいさつからはじまって、冠婚葬祭の手伝い、雪かき、清掃、地域コミュニティへの参加などを「しぶしぶ」ではなく「前向きに」できるかどうかが、その地域の住民として認められることのカギになります。

もしこのような人間関係を好まないのであれば、リゾートマンションや別荘などの購入を考えた方が無難かもしれません。

④**働き口はない覚悟で…**

ないといってしまうと極論ですが、新しい土地でシニアがお金を稼ぐ道をさがすのはとても困難です。そこで現在もっている、自分の資産・資金がどれくらいあるのか。長い目で資金計画を立て、余裕をもって田舎暮らしを始めることが肝心です。

⑤**賃貸物件は少ない。まずは体験で。**

地方にいくほど一軒家の賃貸物件は少なく、一軒家を購入することが田舎暮らしの前提となるケースがほとんどです。高い買い物であり、自分や

家族の将来を左右することなので、いくつも物件を見て回り、ほんとうに納得できる家を探したいものです。地方の悪徳不動産ブローカーなどにだまされないように、信頼のできる業者を選ぶことも大切です。

いきなり家を購入して田舎暮らしをはじめるのではなく、「体験型」の田舎暮らしをして、田舎暮らしの苦労や醍醐味を知ることが出来れば失敗もないと思います。また、実際にそこで田舎暮らしをしている人の話を聞くことが出来ればベストです。

⑥一人になっても生きていけるか？

夫婦で田舎暮らしを始めても、どちらかが先に旅立つことは間違いありません。たとえ一人になってもその土地、その場所で生きていくことができるのか。気持ちの問題だけではなく、交通、医療、福祉などの面からも考慮してみることが必要です。

〈田舎暮らしの情報例〉

■ 総務省　交流居住のススメ　全国田舎暮らしガイド

田舎暮らしを積極的に進めている全国の自治体の情報を集めたページ。各自治体が行っている田舎暮らし体験募集などのページへも行くことが出来る。不動産情報、就業支援情報、医療・福祉情報などもある。全国の田舎暮らし情報がわかるので何かと便利。

http://kouryu-kyoju.net/

■ 田舎暮らし　楽園信州

長野県庁観光部による、長野県内の田舎暮らし情報。市町村ごとに、空き家情報、学校情報、仕事情報、体験情報などが掲載されている。例えば木島平村では、2年間入居できる「田舎暮らし体験住宅」があるなど、信州での暮らしを考えている人には貴重な情報が盛りだくさん。自治体によるホームページなので、安心感も高い。

http://www.rakuen-shinsyu.jp/

■ 山梨市空き家バンク
　空き家の有効利用、定住促進などのために山梨市が行っている空き家情報サイト。
　http://www.city.yamanashi.yamanashi.jp/citizen/akiya/index.html

■ NPO法人　伊豆の田舎暮らし　夢支援センター
　本気で伊豆に住みたいと考えている人をサポートするためのホームページ。物件情報はないが、交流住居（週末だけを田舎で過ごす人のための短期滞在施設）や体験館などの情報が掲載されている。
　http://www.izuinaka.jp/

ここまで読んでいただいて、何か自分に感じるものがありましたか。
思いつくままに、書き込んでみてください。書くことで、
あなたの潜在意識が表われてくるかもしれません。

■あなたがやってみたかったことは？

■あなたが家族に残しておきたいものは？

■あこがれていたライフスタイルは？

第2章
退職後のマネープラン

　退職前と退職後の生活。そのもっとも大きな違いは、毎月の収入が年金等に頼ることになる点です。それはつまり、収入増が望みにくいということであり、しっかりとしたマネープランを立てることが、退職後の生活を充実させるカギを握っています。

1. 悠々自適の資産設計

退職後はどれくらいお金が必要なのか

　総務省の家計調査によると、高齢夫婦二人の無職世帯収入は、月平均22万6千円。一方支出は24万2千円となっています（不足している部分は、貯金などを切り崩していることになります）。夫婦二人で年間約290万円の支出です。

　この数字はあくまでも平均値であり、退職後どこに住むのか、どのようなライフスタイルを選択するかによって、支出は大きく異なることが考えられます。

　たとえばセカンドライフの過ごし方として、年2回海外旅行にでかけるのであれば、夫婦二人で年間100万円程度の余剰資金が必要になるでしょう。

　また、夫婦のどちらかあるいは二人が病気にかかり、入院を余儀なくされるなど、不意の出費が必要となることも考えておく必要があります。その他、住宅のリフォーム代、介護費用、子供への結婚費用の援助など、それぞれの家庭の事情に応じて今後どのような支出が予想されるかを検討してみましょう。

自分の資産を知る

　退職後のマネープランを立てる上で不可欠なのは、現在自分にどのくらいの資産があるのかを、漠然とではなく具体的に知ることです。

預貯金や株券、不動産などのプラスの財産と、住宅ローンなどの負債がいくら残っているのか、書き込んでみてください。

資　産	負　債
現金、預貯金 円	住宅ローン（残高） 円
株券、国債、投資信託 円	自動車のローン（残高） 円
貯蓄型（積立型） 保険、個人年金 円	その他の借金（残高） 円
ゴルフ会員権 円	
不動産 円	
自動車 円	
その他（貴金属など） 円	
合計（A） 円	合計（B） 円
A－B＝純資産　　　　　　　　　　　　　　　　　円	

収入の基本は年金

　通常の場合、定年後の収入の柱となるのが国民年金や厚生年金、共済年金などの公的年金です。ここに個人年金や企業年金等があればそれを加えた金額が、あなたの生活の柱となります。

　年金のベースとなる国民年金（老齢基礎年金）は、25年以上保険料を払い続けると受給資格を得ることになります。40年間国民年金に加入して保険料を払い続けると、年間79万2100円（2008年度）を受け取ることができます。月額にすると約6万6,000円。ただし、保険料を納める期間が短かったり、滞納した期間がある人は、これより少ない受給額となります。

　当然、この額だけでセカンドステージの生活を維持することは困難です。自営業などの方で、国民年金だけにしか加入していないような場合は、国民年金基金に加入するなど、なるべく早期から老後の資金計画を立てておくことが重要です。

　一方、サラリーマンなどが加入している厚生年金(老齢厚生年金)は、現役の時の給与に比例して支給額が決まる仕組みになっています。

　年金は仕組みが複雑な上、一人ひとりのこれまでの納付額等によって支給額も異なります。そこで、退職前に年金事務所（厚生年金の相談）や社会保険庁（国民年金の相談）を訪れるなどして、自分がどのくらい年金を受け取ることが出来るのか、具体的な数字を調べておきましょう。

年金は請求しなければもらえない

　年金の受給権は、国民年金の場合は65歳、厚生年金や共済年金の

場合は60歳になった日から生じます。しかし受給権を得たからといって、ある日突然「年金が振り込まれていた」ということにはなりません。年金は、自分で請求しない限り支給されないものなのです。

年金をもらうための手続きを「裁定請求」といいます。書き方などがわからない場合は、最寄りの年金事務所などで相談するとよいでしょう。

裁定請求の提出先は、国民年金の場合は市区町村。それ以外は社会保険事務所になります。

なお、年金は偶数月（2月、4月、6月、8月、10月、12月）に2ヶ月分をまとめて支払われます。たとえば4月の場合は、その前の2ヶ月分（2月、3月分）が口座に振り込まれることになります。

マネープランの立て方

退職後の支出の目安はどれくらいか、年金などの収入はどのくらいか、目標としているゆとりある暮らしをするにはあといくら必要か。これらのことがわかったら、なるべく早期に具体的マネープランを立てていきましょう。

現役で働ける間は働くことが、もっとも確実に収入を得る道ですが、たとえば「毎月あと5万円だけ欲しい」というのであれば、フルタイムで働く必要はありません。自由になる時間と収入とを天秤にかけ、無理のない仕事を選ぶことも一つの方法です。

また、趣味を収入に結びつけることを考えることができるのも、セカンドステージならではのことだと思います。

サラリーマンの場合は、退職金をどのように生かすかもマネープランの重要なカギとなります。病気や介護など、今後急な出費がある可

能性を考えると、リスクのある金融商品にお金をすべて投資するのは避けるべきです。定期などの、利回りが比較的高く安全性の高い預貯金を選ぶのもいいかもしれません。

　店舗等をもたないインターネットバンキングは普通の銀行に比べて利率が高く設定されているので、定期などを考えるのなら検討してみるといいでしょう。

　いずれにしても、「どのような暮らしをしたいのか」を夫婦二人でじっくりと話し合い、自分たちの理想に向けて舵を切っていきましょう。

アドバイス

年金対策は「定年後自分はどうするのか？」を考えることから始まります。

特定社会保険労務士　下村信子

　年金は「国がなんとかしてくれるもの」「自動的に受け取ることが出来るもの」と思っている人も多いのですが、それは違います。年金は「ご自身」のことですので、もっと身近に感じて、きちんと受け取るための「確認」と「手続」をする必要がある、とまず意識を変えることが必要です。

　定年後の大切な収入となる年金は、現在、制度改正施行の過渡期にあります。厚生年金の支給開始年齢は少しずつ上がっています。
　平成25年4月1日までに60歳を迎える男性の場合は、60歳から厚生年金（※）を受け取ることが出来ます。しかし、その金額は定年退職後の「働き方」によっても異なります。（※特別支給の老齢厚生年金・・・比例報酬部分のみ）

　たとえば定年後、最近多くの企業で取り入れられている再雇用制度を利用して働くとしましょう。再雇用によって働く、といってもいろいろなパターンがあり、それによって受け取れる年金額等には違いが出てきます。
　仮に、以下の3つのタイプを比較して見てみましょう。

タイプ1. 雇用保険も社会保険にも未加入。
　　　　（週2～3日、週20時間未満で働く。）
タイプ2. 雇用保険は加入。社会保険は未加入。
　　　　（週3日程度、週20時間以上～正社員の3/4未満の時間で働く。）
タイプ3. 雇用保険も社会保険も加入。
　　　　（週5日、正社員とほぼ同じように働く。）

タイプ1の場合は、年金を全額受け取ることが出来ます。しかし、デメリットとしては、社会保険に未加入であるため、将来の年金額が増えることはありません。また、今まで奥様が被扶養者（国民年金第3号）であった場合、奥様は60歳になるまでご自身で国民年金に加入することが必要です。

　タイプ2の場合も、年金を全額受け取ることができます。さらに、給料が今までの75％以下であれば、雇用保険から「高齢者雇用継続給付金（※）」を受け取ることが出来ます。しかし、タイプ1と同じデメリットがあります。（※「高齢者雇用継続給付金」には要件があります。また、申請しなければ受け取ることは出来ません）

　タイプ3の場合は、受け取る年金額、給料によって年金額は調整されます。ただし、社会保険に加入しているので、将来年金額は増えますし、奥様は被扶養者（国民年金第3号）でいることができます。また、給料が今までの75％以下であれば「高齢者雇用継続給付金」も受け取ることが出来ます。

　このように、各タイプによる違いを知るということも、「定年後自分はどうするのか」ということを考える上では、とても重要です。

　あなたが58歳になった時、年金事務所から自分の年金を確認するための書類が送られてきます。もし、わかりにくいところがあれば、年金事務所や社会保険労務士に聞くなどして、必ず内容を把握・確認する、という事を強くお勧めします。

　たとえば、受け取る年金の額が10万円の人の場合、給料をいくらもらうと年金額がどのように調整され、年金と給料を合わせて実際の収入がいくらになるのか。社会保険労務士は、このようなご相談にも応じています。年金額と給料から受け取れる実際の収入額を試算し、今後の働き方や給料

について、会社とどのように相談するのが良いかなどを助言することができます。

「63歳まで再雇用になるから、手続きはその後でいい」と言う人もいますが、60歳から年金を受け取ることができる人は、ぜひ60歳のときに手続をしましょう。調整されて年金額が0円になる人も、給料が変われば受け取れることもありますし、奥様を被扶養者にする場合に60歳時の非課税証明書が必要など、手続が面倒になる場合があります。
　年金は事前にしっかり「確認」し、受け取れる年齢になったらきちんと「請求(手続)」する。このことを、ぜひ覚えておいてください。

下村信子社会保険労務士事務所
　年金相談をはじめ、法務、税務、労務のトータルサポートサービスを提供している。また、定年前後のキャリアコンサルタントとして、講演活動等にも力を注いでいる。
〒359-1141　埼玉県所沢市小手指町1-33-21　舟越ビル2F
TEL：04-2923-6627　FAX：050-3488-1131
http://shimomura-office.jp

2. いざという時に備える

生命保険を見直してみる

　自分がどのような生命保険に加入しているのか。毎月いくら支払い、「いざという時」いくら支払われるのか。解約するとどうなるのか。セカンドステージの人生を歩み出す前に、ぜひチェックしてほしいと思います。

　生命保険は、あなたの、そして夫婦のこれからの暮らしを支える重要な資産となるものだからです。

　第一線を退くので、これからはそれほど大きな死亡補償は必要ないと考えるのか、それとも家族のために補償額を大きなままにしておくのか。医療保障を一生つけるにはどうしたらよいのか、特定の疾患に対する備えは十分かなど、選ぶべきポイントもさまざまです。

　生命保険の種類は多岐に及びますが、大きく定期保険と終身保険に分けることが出来ます。

定期保険：保険期間は限られていますが、その期間内であれば安い保険料で手厚い保障を望むことが出来ます。掛け捨てタイプのものが多くみられます。
終身保険：死亡保障が、保険料払い込み終了後も一生続きます。

　保険会社が販売している保険の多くは、この2つのタイプを組み合わせたり、特約として医療保障を付加したものです。

保険の見直しをする際に気をつけなければならないのは、組み合わせタイプの保険の場合、60歳、65歳という年齢になると定期保険や特約部分の保障期間が終了してしまうことです。「入院費用を保険で払おうと思ったら、保障期間が終了していた」ということがないように、契約内容をしっかり見直してみましょう。

医療保障を継続させるには

　高齢になるほど健康に対する不安は大きくなります。ところが肝心の保険は、医療特約が60歳で終了してしまい、受け取ることができないかもしれません。こうした不安を解消するために、保険の医療特約を継続させることも可能です。
※この場合、10年、20年後の保障終了時までの保険料をいっぺんに支払うよう求められることもありますが、最近は年払い可能の保険会社が多くなっています。
　一方、60歳を過ぎても契約することが可能なシニア向け保険も、各保険会社からたくさん企画されています。保障内容は、病気とケガの両方に対応したもの、ケガだけのもの、介護まで保障するものとさまざまです。また、病気に対応していても特定の疾患は保障されないこともあります。保険の内容をよく吟味し、詳しい説明を受けることが大切です。

アドバイス

「自分のため」「老後のため」という観点から保険を見直す。

ファイナンシャル・プランニング技能士　石井和江

　若いときは「家族のため」という観点で、死亡保障などを重視した保険になっていると思いますが、定年後は「自分のため」「老後のため」という観点から保険を見直していく必要があります。

　終身型保険のような場合、必ずしも新たに入り直す必要はないかもしれませんが、まず自分が入っている保険の内容を確かめることが大切です。どういう場合に保険金がおりるのか、三大疾病にかかった時や要介護となった際の生前給付金がいくらなのか、入院特約がどうなっているのかなどを書き出してみましょう。

　ファミリー型の保険に入っている方の場合、ご主人の保険に奥様やお子様が特約で入っていると、ご主人の保険期間が終われば奥様やお子様の保険もなくなってしまうので注意が必要です。ご主人、奥様、それぞれの医療保険があることは、老後の安心を考える上でとても重要だと思います。

　見直しをするにあたっては、自分がどの程度年金をもらうことができるのか、貯蓄がいくらあるか、満期の保険がいつ入るのか、個人年金がいつからいくら入るかなどを、年齢を横軸にした簡単な図表を作ってみるといいかもしれません。それによって退職金で、一時払い年金や終身保険に加入するのも一つの方法です。

　死亡時の受取額をいくらに設定するかは、「もし先にご主人が亡くなられても、遺族年金と貯蓄だけで家族が生きていくことが出来るか、あとどのくらいあれば安心か」が一つの判断材料になると思います。共有名義の住宅のローンが残っているのなら、夫婦一方が

亡くなった場合、ローンの支払いがどうなるのかを調べておくことも大切です。

　具体的な見直し方ですが、終身保険と終身型入院医療保険を組み合わせるのが一般的な考え方だと思います。医療保険に加入するには健康状態が問題になるので、できるだけ早めに加入しておくことをお勧めします。

　さらに、生前給付のある保険を組み合わせることが出来れば万全です。生前給付といえば「ガン保険」がよく知られていますが、最近注目されているのが介護保険です。公的な介護保険だけでは十分なケアができない場合、民間介護サービスを利用するにはどうしても費用がかかります。介護保険は、高齢化社会を安心して乗り切る上で、加入を考えるだけの価値がある保険だと思います。

　今、あなたが加入している入院医療保険の多くが、80歳で保障期間が終わることが多いのです。まずそのことを自覚し、終身に切り替えるのか、入院保障内容を充実させることが必要かと思います。そして生前給付なのか、死亡保障か、自分にとって「これだけはぜひ必要」という部分キャッシュフローなどを作って判断し、保険で上手に補うよう組み立ててほしいと思います。

第3章
元気で長生き、健康オヤジ

　どんなに夢や希望をもっていても、健康に不安をかかえていると、なかなか前向きになれません。本章では、中高年のわれわれが知っておきたい健康情報を、お届けします。メタボから脱出すること。認知症を予防すること。そして万一に備えて、介護保険についても知っておくこと。
　元気で長生き「健康オヤジ」を目指そうじゃありませんか。

1. メタボからの脱出

　メタボリックシンドロームとは、動脈硬化性疾患（心筋梗塞や脳梗塞など）の危険性を高くするいくつかの要因が重なっている状態のこと。単なる「太りすぎ」ではありません。人間はだれでも年をとりますが、体内の血管も年をとります。血管が老化すると、血管の壁が厚くなり、もろくなります。これが「動脈硬化」です。動脈が硬化すると、血管が破れたり血栓ができやすくなるため、心筋梗塞や脳梗塞の危険性が増すのです。厚生労働省の「平成18年国民健康・栄養調査の概要」によると、40〜74歳の男性のうち24.4％（4人に1人）、女性12.1％（8人に1人）がメタボリックシンドロームの可能性が高いといわれています。

　メタボリックシンドロームかどうかを判断する上で、必須項目となっているのは、内臓脂肪がどのくらい蓄積しているかということ。内臓脂肪とは、腸のまわりや腹腔内にたまった脂肪のことで、これが過剰になると動脈硬化を進行させるといわれています。日本肥満学会、日本動脈硬化学会、日本糖尿病学会、日本高血圧学会、日本循環器学会、日本腎臓病学会、日本血栓防止学会、日本内科学会の8学会では、メタボリックシンドロームの診断基準を次のように定めています。検診などで血液検査をした際、自分の数値を記入して比べてみましょう！

【メタボリックの基準】

＊**内臓脂肪蓄積**
　ウエスト周囲　<u>男性 85 センチ以上。</u>
　　　　　　　　<u>女性 90 センチ以上。</u>

さらに以下の 2 項目以上に該当
　　　　　⇩

＊**血清脂質異常**
　　トリグリセリド値　150mg/dL 以上
　　HDL コレステロール値　40mg/dL 未満
　　のいずれか、または両方
＊**血圧高値**
　　最高血圧　130mmHg 以上
　　最低血圧　85mmHg 以上
　　のいずれか、または両方
＊**高血糖**
　　空腹時血糖値　110mg/dL 以上

ちょっと耳よりな話

内臓脂肪と皮下脂肪の違い。

腸の周りにつく内臓脂肪に対して、皮膚の下にたまる脂肪のことを皮下脂肪と呼ぶ。内臓脂肪がつくことによって、腸間膜の血管から脂肪酸が入り込み糖尿病や高血圧などを引き起こすと考えられている。また、脂肪を蓄えている脂肪細胞からは、血管をつまらせやすくする物質などが分泌されるらしい。

内臓脂肪は男性ホルモンによって、皮下脂肪は女性ホルモンによってたまりやすくなるといわれている。つまり、女性のおしりや下半身が太るのは（洋ナシ型肥満）皮下脂肪のことが多いので健康面ではそれほど心配することではない。

一方、中年以降の男性で、おなかがでっぷりと太っているのは（リンゴ型肥満）内臓脂肪の典型。内臓脂肪は皮下脂肪と違い、指でつまみにくい特徴がある。パンパンに張ったおなかは要注意だ。

内臓脂肪を減らすダイエット「食生活編」

　内臓脂肪はたまりやすい特徴がありますが、その一方「減りやすい」特徴をもっています。つまり、少し努力をしただけでメタボリックのレッテルから開放されることになるのです。

　ダイエットというと「痩せること」と思いがちです。しかし重要なのは体重ではなく、内臓脂肪を減らすこと。しばしば登場する「○○だけ食べて痩せる」といった、体重だけに視点をあてたダイエット方法では内臓脂肪が効果的に減らないばかりか、かえって健康を害することにもなりかねません。

　内臓脂肪を減らすためのダイエットの基本は食生活の改善。それをサポートするのが運動です。栄養のバランスを考えた食事を、ゆっくりと味わい、腹八分目でやめる。揚げ物、甘い物、お酒を控える。これだけでかなりのダイエット効果が期待できます。

■ ダイエットのための食事

①食事の量を腹八分目に抑える。
②ゆっくりとよく噛んで食べる。
③夜食など、寝る直前に食べない。
④まとめ食いをしない。
⑤間食を食べすぎない。
⑥お酒を飲む量を控える。
⑦油分の多い揚げ物などを食べすぎない。

内臓脂肪を減らすダイエット「運動編」

　たとえば、おにぎり1個は約185kcal。もしこれを運動だけで消費しようとすると、踏み段昇降運動を30分以上続けなければなりません。食生活を変えることなく、運動だけでダイエットを成功させるのは困難です。でも運動には内臓脂肪の燃焼を促進し「太りにくい体質をつくる」というすばらしい効果があります。

　基本は食生活の改善＋運動で効果を高める

　これがダイエットの正しい方式です。

　ダイエットに効果が高い運動は、ウォーキングに代表される有酸素運動。日常生活の中で30分程度を運動の時間にあてる（10分ずつ3回でも構わない）のが、メタボリック撃退の一つの目安です。

　有酸素運動の例：ウォーキング、ジョギング、軽い体操水泳（ゆっくり泳ぐ）、サイクリング、ハイキング

ちょっと耳よりな話

熱中症予防には、水分＋塩分。

　温暖化の影響もあって、最近の日本の夏は耐えられないほどの暑さ。テレビなどでよく「こまめに水分を補給しましょう！」ということを叫んでいるが、熱中症の予防には水分だけでは不十分。汗をかくということは水分が失われるだけではなく、体のミネラルも失われていくからだ。暑いからと言って、水分ばかりを多量にとっていると、血液がどんどん薄くなり（低ナトリウム血症）、頭痛、けいれん、意識障害等を引き起こすこともある。

　スポーツなどで汗を大量にかいたら、水分だけではなく塩分などのミネラルも同時にとることが大切。スポーツドリンクなどで、水分とミネラルを同時に補給してほしい。

2. 免疫力アップ

　年齢と共にからだは老化して…ということがよくいわれますが、老化は個人差が大きく、「何歳になったらからだはこのようになる」と年齢で明確に言い切れるものではありません。年齢が上がると共に病気にかかりやすくなる理由は、脳や肝臓、腎臓、心臓、肺、筋肉などの細胞数が減少するため、病気に対する抵抗力が弱くなることも大きな要因ともいわれています。

　病気に対する抵抗力を高めるには、私たちのからだに備わっている免疫力を元気にすることが手っ取り早い方法です。

　たとえば毎年、冬になると患者数が増大するインフルエンザ、下痢や吐き気を起こすノロウイルスといった感染症に対抗するためにも、免疫力アップは不可欠です。免疫力をアップするということは、ただ免疫系の力を増大させることではなく、そのバランスを整えることだといわれています。

■ 免疫力を高める（免疫系を整える）ために手軽にできること
- バランスのよい食事
- 十分な休養と睡眠（眠っている時に免疫細胞は作られる）
- 適度な運動（新陳代謝をよくして免疫機能を活性化する）
- ストレスをためない（ストレスは免疫力を弱体化させる）
- 笑うこと（免疫系を活性化させる）

ちょっと耳よりな話

サプリメントとクスリにも飲み合わせがある。

　健康を維持する目的で、さまざまなサプリメントが市販されていて、多くの人が何らかのサプリメントを飲んでいる。しかしサプリメントに含まれている成分の中には、クスリと相互作用を引き起こすものがあるので注意したい。

　たとえば、青汁（ケール）やクロレラに多く含まれているビタミンKは、血液凝固防止薬の作用を弱くする。血液凝固防止薬や解熱鎮痛剤とイチョウ葉エキスを一緒に飲むと、出血傾向が強まる可能性がある。葉酸は、抗てんかん薬の効き目を弱くすることがある。気管支拡張剤、強心剤、免疫抑制剤、経口避妊薬などと西洋オトギリソウ（セント・ジョーンズ・ワート）を一緒に飲むと代謝が促進されて血中濃度が低下し、クスリの効果がなくなる可能性がある。

　健康によかれと思って飲んだサプリメントで、かえって健康状態を悪化させる。こうしたことのないように、サプリメントとクスリとの飲み合わせも、かかりつけの薬局などに相談するようにするといいだろう。

注意したいクスリと飲食物の飲み合わせ。

●お酒と睡眠薬
睡眠薬の作用が強く現われすぎて、記憶障害や呼吸障害を招くことがある。

●納豆と抗血栓薬（ワルファリン）
納豆菌のビタミンKには血液を固める作用があるため、ワルファリンの効果が弱まり、血栓ができやすくなる。

●牛乳やヨーグルトと抗生物質（テトラサイクリン系、ニューキノロン系）
カルシウムがクスリと結合してしまい、クスリの効果が十分出ないことがある。

●牛乳やヨーグルトと骨粗鬆症のクスリ（ビスフォスフォネート）
カルシウムがクスリと結合してしまい、クスリの効果が十分出ないことがある。
※ビスフォスフォネートを空腹時に飲み、30分ほど経過すればカルシウムをとっても大丈夫。

●グレープフルーツジュースと降圧剤（カルシウム拮抗薬の一部）
グレープフルーツの苦み成分（フラボノイド）がクスリの代謝を阻害するため、クスリの作用が強まる。クスリの効果が長く続いたり、血圧が下がり過ぎてふらつきやめまいを起こすことがある。※グレープフルーツの作用は半日以上も続くので、服薬中は飲まないように心がけること。

ちょっと耳よりな話

笑いの効用

　ガン細胞やウイルス感染細胞をやっつけるNK細胞（ナチュラルキラー細胞）を活性化したり、血糖値が下がるなど、笑うことが健康にさまざまなよい効果をもたらすことが科学的に明らかになりつつある。

　ワハハ、ゲラゲラと笑うのはいかにも健康によさそうだが、大きな声で笑わなくても「笑顔になる」だけでも効果があるそうだ。さらに「笑う門には福来たる」のコトワザ通り、笑顔は周囲の人たちとの関係まで改善してくれる。

　笑顔をつくる習慣をはじめてみてはいかが？これがけっこう難しい。

免疫力を高めるといわれているものは…
- アガリクス、霊芝、ハナビラタケ、マイタケ、メシマコブなどのキノコ類
- メカブ、モズク、昆布などの海草類
- その他、プロポリス、エキナセア（ハーブ）、冬虫夏草、田七人参、ラクトフェリンなど

3.認知症を予防する

　認知症は突然発症するのではなく、長い準備期間の後に発症するといわれています。アルツハイマーの場合、アミロイドタンパクというものが脳に30年ほどの時間をかけて蓄積した結果、発症するといわれています。

　すなわち、アミロイドタンパクをためないような生活習慣を身につけることが、認知症予防の一つの方法です。

　東京都老人総合研究所では、アルツハイマーの予防につながる生活習慣として、次の3つをあげています。

- ウォーキングなどの有酸素運動をする。
- 野菜や果物、青魚をよく食べる。
- 頭を使う生活をする。

※アミロイドタンパク
体内のタンパク質の1種。通常は、脳内でアミロイドが合成されてもすぐ分解され蓄積されることはないが、加齢等によって分解する能力が衰えると考えられている。

ウォーキングなどの有酸素運動をする

　脳に酸素が取り込まれるため、血流がよくなります。また脳内のアミロイド斑も減少します。海外での研究によると、有酸素運動をよくする人は、アルツハイマーになる危険度が半分になることがわかっています。

　※**アミロイド斑**：繊維状になったアミロイドが、脳に蓄積してできる模様。
　※**有酸素運動**：短距離走のような激しい運動ではなく、呼吸をしながら時間
　　　　　　　　をかけて行う運動のこと。
　　　　　　　　ウォーキング、ジョギング、水泳、サイクリングなど。

　やってみよう！〈認知症予防の運動〉
　　・歩数の目標：毎日 7,000 〜 8,000 歩
　　・ウォーキングの場合、ややきついと感じられる程度の早歩きを、
　　　毎日 30 分。（10 分ずつ 3 回に分けて行っても OK）

野菜や果物、青魚をよく食べる

　抗酸化作用のあるビタミンC、ビタミンE、ベータカロチンどを含んだ野菜や果物を食べると、認知症の予防に効果があることがわかっています。

　週3回以上野菜ジュースや果物ジュースを飲む人は、ほとんど飲まない人に比べるとアルツハイマーになる危険性が大きく低下したという海外の調査もあります。

　毎日の食生活の中に、野菜と果物をぜひ取り入れきましょう！

食べてみよう！〈認知症を予防する野菜〉

ビタミンCが多い野菜
　　赤ピーマン、めきゃべつ、菜の花、パセリ、ブロッコリーなど
ビタミンCが多い果物
　　グァバ、アセロラ、柿、いちご、キウイなど
ビタミンEが多い野菜
　　落花生、モロヘイヤ、かぼちゃ、赤ピーマン、シソなど
ビタミンEが多い果物
　　アーモンド、ヘーゼルナッツ、アボガド、緑茶など
βカロチンが多い野菜
　　しそ、モロヘイヤ、にんじん、パセリ、ほうれんそうなど
βカロチンが多い果物
　　メロン、干し柿、みかん、すいか、ビワなど

食べてみよう！〈認知症を予防する魚〉

　魚をよく食べる人は認知症になりにくいことが知られています。特に脳の血行をよくしたり神経伝達をよくするDHAやEPAなどが多い青魚を食べると、認知症予防に効果が高いことがわかっています。

DHAやEPAの多い魚
　　いわし、アジ、サバ、ブリ、サンマ、マグロ、ハマチなど

ちょっと耳よりな話

注目される栄養成分「葉酸」
　最近の研究によると、栄養成分の一つ「葉酸」が減ると、血液中の悪玉アミノ酸が増えて、認知症を起こしやすくなることがわかってきた。認知機能を低下させないために、葉酸の多い食品も食べるように心がけたい。

葉酸の多い食品
　レバー、焼き海苔、生ウニ、枝豆、タタミイワシ、モロヘイヤ、芽キャベツ、ブロッコリー、ほうれん草、アスパラガスなど

お酒を飲むなら赤ワインといわれる理由
　ポリフェノール（植物の色素や苦み成分）は5,000種類以上あるといわれているが、赤ワインに豊富に含まれているポリフェノールには、心臓疾患や動脈硬化を抑える働きがあると考えられている。また、2002年のカナダでの研究では、週1回以上赤ワインを飲む人は、毎週は飲まない人に比べてアルツハイマー型認知症になる危険性が約半分であることがわかっている。赤ワインのポリフェノールには、アルツハイマー型認知症の脳に見られるアミロイド斑ができるのを抑制する働きがあるらしいのだ。
　大量の飲酒は肝機能を低下させるなど生活習慣病を招くきっかけとなるが、毎日グラス1～2杯の赤ワインを飲むのは、認知症予防の効果を期待できる習慣といえるかもしれない。

ちょっと耳よりな話

注目されている地中海食

　アメリカ人口保健研究所が、過去に発表された研究をレビューした結果、地中海食を日常的に食べていると心疾患にかかりにくいことが明らかになった。地中海食とは、果物、野菜、穀類、豆類、オリーブオイル、魚類を多く摂取し、アルコール類は少量、肉類と乳製品はほんの少しという内容の食事のこと。最近では、地中海食がアルツハイマーのリスクを低下させる効果もあるのではないかと注目されている。

　この他、野菜ジュースや果物ジュースをたくさん（週3日以上）飲むことや、青魚（アジ、サバ、イワシ、サンマ、ブリなど）をよく食べる（DHAをよく摂取している）ことも、認知症の発症リスクを低くする食習慣として注目されている。

※ **DHA（ドコサヘキサエン酸）**
　　不飽和脂肪酸の一種で、血中コレステロール値を下げる、中性脂肪を低下させるなどの効果が知られている他、脳のシナプスを活性化する働き、子供の脳の発達を促進させる効果、アトピー性皮膚炎を改善する効果などがあるのではないかともいわれています。

頭を使う生活をする

　認知症になる前から低下する脳機能は、「エピソード記憶」「注意分割能力」「計画力」の3つといわれています。
　すなわち、これら3つの脳機能を集中的に鍛えることで神経の伝達機能が高まり、神経のネットワークが強化されて、認知症に強い脳が作られると考えられます。

やってみよう！〈認知症を予防する、脳トレーニング〉
　①エピソード記憶
　　「昨日の夕食に何を食べた？」というように、体験を記憶して思い出す能力のこと。
　　　鍛え方の例→今日の買い物の内容を、思い出してみる。
　　　　　　　　→二日遅れの日記をつける。
　②注意分割能力
　　2つ3つのことに同時に注意を配り、注意を切り替える能力。
　　　鍛え方の例→料理を何品か同時に作る。
　　　　　　　　→相手の表情や気持ちに注意を向けながら、話をする。
　③計画力
　　新しいことをやる手順を考える能力。
　　　鍛え方の例→旅行の計画を立てる。
　　　　　　　　→パソコンで仕事をする手順を考える。
　　　　　　　　→新しい料理を考える。
　　　　　　　　→効率よく買い物ができる順番を考える。
　　　　　　　　→囲碁、将棋、麻雀などの趣味をもつ。

※東京都町田市の調査によると、旅行をしない（あるいは年3回以下しかしない）人は、年4回以上している人に比べると認知機能の低下の危険度が8.5倍にもなることがわかっています。また、料理やパソコン、麻雀、囲碁・将棋、園芸などの趣味を頻繁にしている人は、認知機能に関わる能力が低下していないこともわかっています。認知機能を鍛える習慣や趣味を、ぜひ生活の中に取り入れていきましょう。

資　料：『認知症に強い脳を作ろう！』東京都老人総合研究所認知症
　　　　予防対策室

ちょっと耳よりな話

認知症予防の習慣を身につけるコツは？

　どんなによいといわれている生活習慣でも、無理にやったのでは長続きしない。新しい生活習慣を身につけるコツは、楽しいこと、興味のあること、自分や家族あるいは周囲の人に役立つことを選ぶことだそうだ。仲間と一緒に行動する（習慣づける）と長続きすることもある。

4. 納得できる治療を受ける

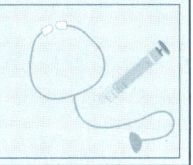

　「セカンドオピニオン」とは「第二の意見」のこと。がんや心臓病など、命に関わるような病気に対峙しなければならない時、ほんとうにその治療方法でよいのか、他にもっと納得できる治療方法はないのか、迷い悩む人は多いと思います。

　アメリカなどでは、患者がどのような治療方法を選択するかは、最終的には患者本人が決断するものという考えが根強く、そのために複数の医師の意見を聞くことが一般的です。

　日本でも、こうしたセカンドオピニオンの考え方が少しずつ普及しはじめています。セカンドオピニオンとは主治医を代えるということではありません。患者自身が納得して治療を受けるために、さまざまな医師の意見を聞き、自分で治療方法を選ぶことなのです。

　また、大学病院や総合病院などでも、「セカンドオピニオン外来」（診療は行わず相談のみが多い。完全予約制、自費診療の場合がほとんど）を設けて相談に応じている医療機関が増えています。

■ **セカンドオピニオンを選ぶポイント**
 1. **自分が患っている病気の専門家であること。**
  例えば単に外科ではなく、心臓血管外科の専門家。単にガン専門ではなく、胃ガンの専門家というように、できる限り特化した専門家の意見を聞く。
 2. **主治医と同じ病院・同じ出身大学ではなく、まったく別の系列であること。**
  医師が、主治医に気兼ねなく意見をいえるように。
  セカンドオピニオンを探せない場合、かかりつけ医に相談して医師を紹介してもらうのも一つの方法です。

■ **セカンドオピニオンを探すなら（がん）**
  セカンドオピニオン・ネットワーク
  http://www.2-opinion.net/

■ **セカンドオピニオン外来のある病院（一例）**
  国立がんセンター東病院（千葉県柏市）
  国立がんセンター中央病院（東京都中央区）
  癌研有明病院（東京都江東区）
  順天堂大学医学部附属（東京都文京区）
  東京医科歯科大学病院（東京都文京区）
  日本医科大学付属病院（東京都文京区）
  東京大学医学部附属病院（東京都文京区）
  東京都立駒込病院（東京都文京区）
  慶應義塾大学病院（東京都新宿区）
  東京女子医科大学病院（東京都新宿区）
  東京医科大学病院（東京都新宿区）
  帝京大学医学部附属病院（東京都板橋区）

東京慈恵会医科大学附属病院（東京都港区）
昭和大学附属病院（東京都品川区）
東邦大学医療センター大森病院（東京都大田区）
杏林大学病院（東京都三鷹市）
神奈川県立がんセンター（神奈川県横浜市）
東海大学医学部付属病院（神奈川県伊勢原市）

夜間や祝日に具合が悪くなったら

　夜間や日曜日、祝日など、医療機関が開業していない時に具合が悪くなったら、どうすればよいのか。慢性疾患をかかえている方など、不安に感じている人も多いと思います。

　最近では市区町村ごとに準夜間診療所を設けたり、地域の医師会と連動して当番医を決めるなど、夜間や休日の医療体制を整える動きも進んでいます。

　市区町村から発行される広報誌などに、定期的に夜間・休日の医療体制が記載されていることも多いので、広報誌を壁に貼り付けておくなど、見える場所に情報をとっておきましょう。

　その他にも、たとえば東京消防庁が実施している救急病院案内のように、24時間体制で診療科目ごとの医療体制を教えてくれるサービスもあります。自分が住んでいる地域にどのような公的サービスがあるのか、電話帳などで確認したり、地域の消防署や保健所などに確認しておくとよいでしょう。

【東京都の救急医療案内】
■ 東京消防庁　救急病院案内

http://www.tfd.metro.tokyo.jp/kb/index.htm
診療科目ごとに救急病院の一覧を表示したホームページ。
毎日３回程度更新。

■ 東京消防庁　救急相談センター
都内全域♯7119（携帯電話、PHS、プッシュ回線）。ダイヤル回線は、
２３区内：03-3212-2323
多摩地区：042-521-2323
救急車を呼んだ方がよいかどうか迷った時にアドバイスをもらうことができます。医療機関や応急処置のアドバイスも行っています。

■ 東京都医療機関案内サービス「ひまわり」
http://www.himawari.metro.tokyo.jp/qq/qq13tomnlt.asp
休日の当番医や当番歯科医、自宅近くの医療機関など、都内の医療機関情報を案内するホームページ。

■ 東京都保健医療情報センター「ひまわり」
TEL：03-5272-0303
FAX：03-5285-8080（聴覚障害者専用）
問い合わせ時間に診療を行っている近くの医療機関を、音声自動応答サービスで案内します。

ちょっと耳よりな話

救急車を頼む時、何を準備したらよいのか

119番を回せばたちどころに救急車が現われ、最適な病院へすぐ連れて行ってくれる…とあなたは思っていませんか。経験のある方ならわかると思うが、現実は違う。

受け入れ先の病院が決まるまで、救急隊員の人があちこちの医療機関に連絡を入れ、先方の病院が受け入れをOKしてくれた段階で、やっと搬送がはじまるのだ。

慢性疾患などがあり、かかりつけの病院（入院施設のある病院）がある場合には、その旨を救急隊員の方に伝え、診察券などを手渡すことで、かかりつけ病院に運んでもらえる場合もある。

また、あらかじめかかりつけ病院に家族が電話で連絡を入れておくと、受け入れてもらえる可能性も高くなる。

【119で電話で伝えるべきこと】
□患者の氏名、年齢、性別
□住所、電話番号
□現在の主な症状
□患っている病気
□かかりつけの病院名

【用意しておく物】
□健康保険証
□かかりつけ病院の診察券
□おくすり手帳

認知症はどこで診てもらうか

　もし認知症が疑われるような場合には、早めに専門医の診療を受けることで、認知症の進行を遅らせたり、軽度のままですませることも可能になってきました。

　受診先は、精神科、神経内科、老人科などのほか、「もの忘れ外来」などの診療科名をかかげている医療機関もあります。

　専門医を捜すには市区町村の高齢者福祉担当窓口や地域包括支援センターに問い合わせたり、かかりつけ医に相談するのも一つの方法です。

【認知症の相談窓口(一例)】

■ とうきょう認知症ナビ／認知症の基礎知識や相談窓口の紹介。
　http://www.fukushihoken.metro.tokyo.jp/zaishien/ninchishou_navi/

■ 大阪府認知症疾患医療センター（医療法人六三会大阪さやま病院）
　TEL：072-365-1875

■ 認知症電話相談（大阪府立介護情報・研修センター）
　専門相談員が電話で相談にのる。
　TEL：072-626-5101(毎週水曜日と金曜日の午後1:00～4:00／祝日は除く)

ホスピスケア（緩和ケア）とは

　WHOの定義によると、ホスピスケアとは「生命を脅かす疾患による問題に直面している患者とその家族に対して、疾患の早期より痛み、身体的問題、心理社会的問題、スピリチュアルな問題に関して的

確な評価を行ない、それが障害とならないように予防したり、対処することで、クオリティ・オブ・ライフを改善するアプローチのこと」。

■ ホスピスケアの特徴
　　・痛みやそのほかの苦痛な症状からの解放。
　　・死を早めたり、引き延ばしたりしない。
　　・死を迎えるまで患者が人生を積極的に生きてゆけるように支える。

　日本の厚生労働省が承認しているホスピスケア病棟は、「ガンまたはエイズが進行して末期となった人を受け入れる病棟」と定義されています。この病棟では、医学的な根治療法がなく、その治療に耐える体力や気力がなくなった人に対して、肉体的・精神的苦痛を和らげることを目指してケアを行います。
　また、ガンやエイズでなくても入院することが可能な、未承認のホスピスケア病棟もあります。
　ホスピス病棟での入院・治療は、基本的には健康保険が適用されます。さらに、在宅でのホスピスケアを実施する医療機関・医療関係者、訪問看護ステーションなどもあり、在宅ホスピスケアでも健康保険が適用されます。

■ ホスピスケア病棟のある病院を探すなら
日本ホスピス緩和ケア協会
http://www.hpcj.org/
事務局
　〒259-0151　神奈川県足柄上郡中井町井ノ口1000-1
　ピースハウス病院内
　TEL：0465-80-1381　FAX：0465-80-1382

ちょっと耳よりな話

延命治療と尊厳死

　延命治療という言葉は「根治が見込めない患者さんに対して、生命を維持するだけの目的で行われる対症療法」という意味合いで使われていますが、その療法がいたずらに命をのばすためだけに行われているのか、それとも意味のあるものなのかは、単純に区分できるものではありません。

　延命治療によって、どのくらい生命が伸びるのか（期間）、どのような状態を維持できるのか（質）、苦痛はどうかなどを考慮した上で、「どのような治療をどこまで望むのか」本人や家族の意志が尊重されることが重要です。

　尊厳死（死にゆく過程をのばすだけの延命措置をやめ、人間としての尊厳を保ちながら自らの意思で死を迎えること）との関係からその処置がしばしば取りざたされる延命治療には、

- 呼吸機能の回復がない人に対する人工呼吸器の取り付け
- 鼻からチューブを挿入して胃に直接流動食を流し込む経鼻胃管
- 深部の静脈にカテーテルを挿入して直接栄養を補給する中心静脈栄養

などがあります。

　患者さん本人が延命を望まない場合には、その意志を文章にしておくことで（「リビング・ウィル」と呼ばれる）、医療機関に延命治療の中止を求めることも可能です。

　　　　　　　　　尊厳死、リビング・ウィルについての情報は
　日本尊厳死協会　http://www.songenshi-kyokai.com/
　　〒113-0033　東京都文京区本郷 2-29-1　渡辺ビル 201
　　　　　TEL：03-3818-6563　FAX：03-3818-6562

5. 介護保険を利用しよう

　国民生活センターが全国20ヶ所の協力病院からの情報をまとめた結果によると、2003年度～2007年度の高齢者（65歳以上）の家庭内事故は4,138件にのぼることがわかっています。これは高齢者事故の63.3%にあたり、「家庭内」がいかに高齢者にとって危険な環境であるかを示しています。

　高齢者の家庭内事故でもっとも多いのは、階段の上り下りや床を歩いている時など、ごく普通の動作でおこる転倒や転落。事故の結果、頭や大腿部をけがして骨折するケースも多いことが、重症化・入院長期化する原因となっています。

　自宅をバリアフリーにしたりして、介護保険をうまく利用しましょう。

■ 高齢者の家庭内事故を防ぐポイント

1. 階段、床などでの転倒・転落を防止する
   - →階段、廊下などへの手すりの設置
   - →室内のこまかな段差を解消する（バリアフリー化）
   - →滑りやすいマットなどを排除する
   - →脚立を使う作業など、高所での作業をやめる
2. 浴室での事故を防止する
   - →浴槽、浴室に手すりを設置
   - →呼び出しブザー等の設置
3. やけどを防止する
   - →調理器具をガスからクッキングヒーターに切り替える
   - →調理の際は、火が燃え移りやすい衣服を着ない
   - →コンロ奥のものを取る時は、手前のコンロの火を消す

介護保険でできる住宅改修とは

　高齢者の事故は、家の中をバリアフリー化することによってかなり防ぐことができます。介護認定により要支援あるいは要介護と認定されている人は、バリアフリー化などの住宅改修に補助金が支給されます。支給額の上限は、要介護の区分にかかわらず20万円で、そのうち利用者負担は1割となっています。

　なお補助金は、住宅改修の工事終了後、申請によって支給されます。

■ 介護保険の対象となる住宅改修

1. 手すりの取り付け
2. 段差の解消
3. 滑り防止、移動の円滑化等のための床または通路面の材料変更

4. 引き戸、アコーディオンカーン等への扉の取り替え
5. 和式便器から洋式便器などへの取り替え
6. 1～5の改修に伴って必要となる工事

介護保険による住宅改修の手順

ケアマネジャーに相談
↓
施工業者を選び、見積もりを依頼
↓
施工業者と契約、工事実施
↓
工事費用の支払い（全額）
↓
市区町村への申請
↓
住宅改修費の支給（費用の9割。18万円まで）

※住宅改修に関しては、各市区町村ごとに独自の支援制度を設けているところがあります。工事費用が20万円を超えるような場合には、市区町村の窓口に相談してみるとよいでしょう。

介護保険制度を利用するには

　介護保険という制度があることは知っていても、家族や自分自身がいざサービスを受けようとすると、いったいどのように手続きをすればよいのかだれもが迷うのではないでしょうか。

　介護保険制度とは、費用の1割を自己負担することでさまざまな介護サービスを受けることができる制度のことで、市区町村が保険者と

なって運営しています。介護保険による介護サービスを利用できるのは、原則として、
　①65歳以上の人で、要介護もしくは要支援の認定を受けた人
　②40〜64歳の人で、老化に伴う特定の病気にかかり、要介護もしくは要支援の認定を受けた人
と定められています。

※**特定の病気とは**
初老期における認知症、脳血管障害、糖尿病性神経障害、パーキンソン病、関節リウマチ、末期のがんなど16種類の病気が指定されています。

〈申請方法〉
　原則としてサービスを希望する人が（本人が無理な場合は、家族、代理人）、住んでいる市区町村の介護保険担当窓口か、地域包括支援センターで申請します。
　申請に必要なもの
　　・申請書
　　・介護保険証（40〜64歳の人は医療保険の被保険者証）
　　・印鑑

〈申請後の流れ〉
　訪問調査（市町村の職員や、市町村から委託されたケアマネジャーによる面接調査）とかかりつけ医師の意見書を基に判定が行われ、1ヶ月以内に結果が文章で通知されます。
　　要支援1、2　予防的サービス
　　要介護1〜5　介護サービス
　※新規認定の有効期間は6ヶ月。それを過ぎると再び更新認定の手続きが必要になります。最初の更新後は12ヶ月ごとに更新手続きを行います。

〈介護認定が決まった。さて次は？〉

　介護認定が決まっても、それだけでは介護サービスを受けることはできません。次のステップとして、ケアマネジャーと相談して、どのような介護サービスを受けるべきかケアプランを作成する必要があります。

　「要支援」の場合→市区町村の地域包括支援センターへ連絡。
　　　　　　　　　ケアプランを作成してもらいます。
　「要介護」の場合→都道府県の指定を受けている介護サービス事業者
　　　　　　　　　（居宅介護支援事業者）に連絡。
　　　　　　　　　ケアプランを作成してもらいます。

　※ケアプランを作成する際は、自分の要望を十分伝え、納得のいくプランを作ることが大切です。

　※担当の地域包括支援センターがどこにあるかは、市区町村の担当窓口に問い合わせるとすぐわかります。

　※介護サービスを提供する居宅介護支援事業者には、NPO（特定非営利活動法人）が運営している事業所、医療機関に付属した事業所、介護施設と一体になった事業所などさまざまな事業所があります。地域の介護サービスについて幅広い情報をもち、介護サービスを受ける人の立場、家族の立場にまで心を配ることできるケアマネジャーと出会うことができるかどうかで、サービスの満足度がかなり異なるのが現状です。インターネットでサービス内容等を調べたり、すでにサービスを受けている人から話を聞いたり、実際に事業所を訪ねてその雰囲気を自分の目で確かめるのも一つの方法です。

【介護サービス事業者情報検索の例】
・とうきょう福祉ナビゲーション（事業内容など事業情報、サービス評価）
・WAM NET（事業者検索）
・東京福祉保健局（特別養護老人ホームなど施設の情報）

介護保険サービスの種類

1. 自宅で利用できるサービス

訪問介護

　ホームヘルパーが自宅を訪問し、掃除、買い物、調理などの身の回りの介護サービスを提供。

訪問入浴介護

　移動入浴車などで自宅を訪問し、入浴サービスを提供。

訪問看護

　訪問看護ステーションなどから看護婦などが自宅を訪問し、容体を尋ねたり、診療の補助を行うサービス。

訪問リハビリテーション

　理学療法士や作業療法士が自宅を訪問し、リハビリテーションを行います。

居宅療養管理指導

　医師、歯科医師、薬剤師などが自宅を訪問し、医学的な指導を行うサービス。

2. 福祉施設などで受けるサービス

デイサービス（通所介護）

　日帰りでデイサービスセンターなどに通い、食事や入浴、レクレーションなどのサービスを受けます。

デイケア（通所リハビリテーション）

　日帰りで病院や介護老人保健施設などに通い、リハビリテーションや、食事、入浴などのサービスを受けます。

ショートスティ

　介護施設などに短期間入居し、食事や入浴など、入居者と同じサービスを受けます。

※介護老人保健施設や介護療養型医療施設でのショートスティでは、医学的な管理のもとで、看護や機能訓練、食事、入浴などの介護を受けることができます。

3. その他の介護サービス

福祉用具貸与

車椅子や特殊寝台など、介護保険法で定められた福祉用具をレンタルできるサービス（認定度によって、レンタルできる内容が異なります）。

特定福祉用具販売

介護保険法で定められた福祉用具（腰掛け便座、入浴補助用具など）を、1割の自己負担で購入できるサービス。

住宅改修費支給

要支援・要介護の人が小規模な住宅改修を行う場合、改修費の一部が支給されます（改修費20万円を限度として1割を自己負担）。

ちょっと耳よりな話

地域包括支援センターとは？

介護認定で「要支援」となった人のために、介護予防ケアプランを作成してくれるのが、地域包括支援センターだ。同センターは2006年の介護保険法改正によって誕生し、市区町村が主体となって運営している。主な業務は、

　＊要支援の指定を受けた人のケアプラン作成
　＊介護保険に関する相談、申請手続き
　＊ケアマネジャーのサポート
　＊高齢者の権利擁護（成年後見、虐待防止など）

となっており、比較的元気な高齢者の自立生活を支援している。

6. 高齢者住宅のいろいろ

　現在、高齢者の介護施設にはさまざまな名称のものがあり、役割も費用も、サービス内容も異なります。似たような名称も多く、利用者の混乱を招いています。

　こうした背景には、高齢者のためにいろいろな法が施行された結果、所轄官庁が施設を整備し、施設が複数共存した結果といわれています。

　何はともあれ、利用する私たちとしては、各施設の特徴やメリット、デメリットを理解することが不可欠です。

　高齢者のための介護施設の中で、もっとも一般的なのが介護保険法で定められ介護保険のサービスを受けることができる「介護保険施設」です。

介護保険施設の種類

1. 介護老人福祉施設（特別養護老人ホーム）
　要介護（1～5）の認定を受け、在宅における介護が困難な65歳以上の人が利用できる施設です。運営は地方自治体と社会福祉法人。施設サービス費には介護保険が適用されるため、入居者は1割負担ですみます。
　しかし、居住費、食費、日常生活費は介護保険の給付対象ではないので自己負担となり、同様に個室の場合の利用料も自己負担となります。

2. 介護老人保健施設（従来型老健）
　高齢者の自立を助け自宅で生活することができるように支援する施設です。要介護の認定を受けた65歳以上の人で、入院治療は必要ないがリハビリテーションを必要とする人が入所対象（入所期間3ヶ月～6ヶ月程度）となります。

3. 介護療養型医療施設（介護療養病床）
　介護、医療の両方を必要とする高齢者が長期療養のために入所する施設です。病院などの一角に設けられていることが多いのも特徴です。この施設は2011年末には廃止され、介護療養型老人保健施設（新型老健）などへの転換が行われる予定となっています。

4. 介護療養型老人保健施設（新型老健）
　介護老人保健施設（従来型老健）よりも医療・看護に重点を置いた施設として、2008年5月から制度がスタートしましたが、医療・看護体制、経営面などまだ未知数です。

介護保険施設以外の主な高齢者介護施設

1. 有料老人ホーム

　高齢者の生活に配慮した建物（バリアフリーなど）に、食事や介護サービスなどを組み合わせた施設ですが、法律上は老人福祉施設となっていません。そのため介護保険による施設サービスの適用がなく、入居者は入居金、運営費などをすべて自己負担しなければなりません。

　有料老人ホームはあくまでも、施設と入居者との契約によるものなので、サービス内容や料金などをよく調べてから入居することが大切です。

　ただし、都道府県から「特定施設入居者生活介護」の指定を受けている介護付有料老人ホームの場合、施設スタッフが行う介護サービスに対して介護保険を利用することができます。

　有料老人ホームに入居するには、入居時に「入居一時金」を支払わなければならないことも多く、その金額も何百万～何千万単位となっています。最近では入居一時金不要の施設も増えているようですが、その分月額利用料が高く設定されていることがあります。

　また入居一時金の償却期間は、施設によって違います。特別養護老人ホームなどへのつなぎとして有料老人ホームに入居する場合、最初にいくら支払い、退去時にどのくらい戻ってくる可能性があるのか、月々の基本利用料がいくらでオプションにどの程度の費用が必要なのかなど、入居前にきちんと調べておくことが大切です。

　厚生労働省は有料老人ホームに対する指針の中で、施設を「健康型」「住宅型」「介護付」の3つに分類しています。

有料老人ホームの種類

＊**健康型有料老人ホーム**：自立した高齢者を対象とした施設で、食事等のサービスが付いています。要介護になった時は、退去しなければなりません。

＊**住宅型有料老人ホーム**：要介護になった場合、自分で外部の介護サービス事業者と契約を結び、在宅介護サービスを受けることができます。ただし要介

護度が大きくなった場合には、介護付有料老人ホームなどへの住み替えをせざるを得ない場合もあります。

＊介護付有料老人ホーム：都道府県から「特定施設入所者生活介護」の事業者指定を受けた施設。その施設のスタッフが介護サービスを提供します。現在、もっとも一般的な有料老人ホームですが、住宅型に比べると高額です。

※特定施設入所者生活介護の指定を受けていない有料老人ホームは、広告などで「介護付」「ケア付」などと表示できないことになっています。

2.軽費老人ホーム（ケアハウス）

何らかの事情により在宅生活が困難になった、概ね60歳以上の自立した単身または夫婦が利用できる施設です。

食事サービスが受けられるA型と、自炊が原則のB型があります。

入居後に介護が必要になった場合は、訪問介護などの在宅サービスを利用することができますが、重度化した場合には特別養護老人ホームなどに移らなければなりません。

3.グループホーム

認知症の人を対象にした地域密着型の介護保険適用施設です。民家などを改造し少人数の入居者がその中で暮らしながら、介護スタッフが日常のサポートを行います。短期入居や、通いによるサービスの利用も可能です。

4.高齢者専用賃貸住宅（ケア付高専賃）

賃貸アパートやマンションに、デイサービスや訪問看護、グループホームなどの施設を設け、入居者にきめ細かな介護サービスを提供しようとする施設です。入居者のプライバシーや権利が保たれ、なおかつ孤立感も少なく、コスト的にも比較的手頃なものが多く注目を集めています。

ケア付高専賃には、設備やサービス面である一定以上の基準をクリアした「適合型高齢者専用賃貸住宅」と呼ばれるものもあります。

第4章
最後まで自分らしく

　最後の第4章は、人生の締めくくりについてです。
　「死ねばあの世にいくだけさ」というのは本人だけのこと。残された家族は、葬儀であたふたし、葬儀後も遺産相続問題などでゴタゴタし続けなければならない可能性があります。
　「立つ鳥跡を濁さず」、人生をかっこうよく締めくくるには何をしたらよいのか。「あいつらしい最後だな」と友人知人に言ってもらうには何ができるのか。
　考えてみるのも(そして実行するのも)、悪いことではありません。

1. 生前贈与をする

　自分の財産や資産を家族に譲り渡す。あなたが天国に旅立った後でもいい話かもしれませんが、生きているうちにかっこうよく生前贈与するのも一つの方法です。もちろん、すべての財産を贈与してしまっては自分たちの暮らしが成り立たないので、余剰分の一部を「お金を生かす」という意味から、家族に譲ってはどうでしょうか。

　その場合、家族にできる限り贈与税がかからないようにするには、右の3つのことを知っておくと便利です。

1）基礎控除は110万円

　贈与には110万円の基礎控除があります。したがってこの範囲であれば贈与された人に税金はかかりません。基礎控除枠は毎年使えるので、毎年この範囲で贈与することができます。ただし時期や金額を一定にすると、定期金として一括課税されることがあるので注意してください。

2）配偶者控除は2,000万円

　結婚して20年以上の夫婦間で住宅用不動産の贈与を行う場合、2,000万円までの配偶者控除を受けることができます。この範囲の贈与であれば課税されません。

3）相続時精算課税制度

　親から子供への贈与を容易にするために生まれた制度です（基本的には65歳以上の親から20歳以上の子供への贈与を対象）。相続時精算課税制度を利用すると、2,500万円までの財産に贈与税がかかりません（2,500万円を超えても、超えた部分の20％の贈与税だけですむ）。相続の際には、生前贈与された財産と相続財産を合計した額に相続税がかかりますが、すでに支払った贈与税額が控除されます。

ちょっと耳よりな話

相続税を納税しなければならないのは全体の4％

相続税とは、故人の財産（不動産や預貯金、株券、絵画、宝石、クルマなど）が基礎控除額を超えた場合、超えた部分にだけ課税されます。この場合の基礎控除額とは、

「5,000万円＋1,000万円×法定相続人数」

となっています。

つまりかなりの資産家でなければ、亡くなった後、相続税で家族を悩ませる心配はないといえます。実際、相続税を納税しなければならないのは、相続した人全体の4％程度といわれています。

2. 遺言を書く

　遺言なんて縁起でもないという人もいるかもしれません。でも、あなたが亡くなった後「財産をめぐって家族が泥沼の戦い」ということにならないために、ぜひ考えてみる必要があります。

　一般に、財産を相続するには「相続人はだれか」「財産はどのくらいあるのか（財産目録の作成）」を調べ、「遺産分割協議書」を作成する必要があります。この遺産分割協議書は、相続人全員が合意しなければ作ることができません。

　普段は仲の良い兄弟同士でも、嫁や姑などが介入したりすると意見が対立することもあります。それぞれが抱えている経済状況も、合意を妨げる原因になるかもしれません。親の遺産相続をめぐって、法定で骨肉の争い…なんてことだけは、させたくありません。

　このような時、「遺言」があると無用の対立を防ぐことができます。遺産分割は、遺言書による相続が優先されるからです。

　遺言書は、何度でも書き直すことができます。もし複数の遺言書が発見された場合、一番新しく書かれた遺言書の内容に沿って相続が行われます。

　さて、ここで問題となるのが、遺言書の書き方です。

　紙に書いてサインするだけでは、正式な遺言書とは認められないからです。遺言書は定められた書式に沿って、正確に作成することが大切です。

　形式は、以下の3通りです。

１）自筆証書遺言（自筆で書く遺言書）

　自筆による遺言で、紙やペンの種類は選びません。必ず全文を自筆で書いて作成します。
・必ず作成した日付を記入する必要があります。
・署名して押印します。はんこは実印でなくても構いません。
・書式が間違っていたら無効になります。
・家庭裁判所で開封される前に開封されていると効力を失うため保管場所が問題です。

２）公正証書遺言（公証人に作成してもらう遺言書）

　遺言書を公正証書として作成し、公証人役場に保管しておいてもらうもの。紛失や無効などの恐れがなく、確実に遺言を実行することができます。
・証人２人以上（未成年者や相続人、相続人の親族等は不可）が必要です。証人は知人でも構いませんが、内容を知られたくないのであれば、弁護士や行政書士などに頼むといいでしょう。
・遺言者が口実したものを公証人が筆記し、遺言書とします。
・遺言書作成にある程度の費用がかかります。

３）秘密証書遺言

　内容をだれにも知られたくないが、遺言の存在ははっきりさせておきたいという時に作成する遺言書。自筆証書遺言と異なり、ワープロで作成しても構いません。
・遺言者が自分で作成して封筒に入れ、公証人役場に保管して貰います。
・保管して貰う際、証人２人以上が必要です。
・書式を満たしていないと無効になります。

アドバイス

「遺言」はコンサルティング的な視点があるかどうかで、雲泥の差があります。

(株) アローズ・リーガル・サービス代表取締役　奥村　聡

　相続問題で最初に問題になるのが「いったいどこに相談したらよいのか分からない」ということだと思います。税理士さんに頼むと税金のことはわかるけれどそれ以外のことはよくわからない、弁護士さんに頼むと法的なもめごとは解決できても資産価値についてはよく知らない…。資格領域の中だけで凝り固まるのではなく、相続全体を見渡すことが出来る人に相談すること。これが相続問題を解決するもっとも重要なポイントです。

　一口に相続問題といってもさまざまな種類があります。税金で困ることもあれば、相続人同士がもめることもあります。相続の手続きが複雑なこともしばしばです。そもそも「相続しない方がいいケース」(負債など) もあります。

　自分には相続問題なんて関係ない、と考えるのは間違いです。

　自分や親に万一のことがあった場合、どのような相続トラブルが発生する可能性があるのか。それを点検するきっかけとしては、エンディングノートなどを使って資産を書き出し、譲渡する相手を具体的に考えてみるのも一つの方法です。

　私はこれまでたくさんの相続問題に携わってきましたが、印象としては皆さんけっこう後手後手になっているようです。もっとはやく手を打っておけば残されたご家族がここまで苦労することはなかったのにと思うことがよくあります。

　たとえばお子さんがいない場合、ご主人が亡くなられると奥様とご主人のご兄弟が法定相続人になります。奥様は血のつながらない

ご兄弟と話をしなければならず、時には嫌なことを言われたり、頭を下げて判を押してもらったりと非常に気の重たいことになるわけです。こうした苦労はご主人の遺言一つで解消されます。

しかし遺言はただ書けばいいというものではありません。コンサルティング的な要素がきちんと加味されているかどうかが極めて大切です。

自筆で書かれた遺言はミスも多く、せっかく遺言を残したのに故人の遺志が反映されないケースが多々あります。たとえば日本の場合、不動産は土地と建物と別々に捉えられています。土地を相続させるには所在地だけ記されていれば認められますが、建物は所在地だけではなく家屋番号が記されていないと特定されません。自筆の遺言書には、このような不備が起こりがちになります。

それでは公正証書なら安心かというと、そうとも言い切れません。もちろん公証人が作るため形式的な不備はなく、あなたの希望はそのまま遺言として残ります。ところが、内容的に状況を想定し切れていないことがよくあります。

たとえばあなたに3人の子どもがいるとします。兄弟仲良くというつもりで、不動産を3分割するよう遺言を書いたとします。兄弟仲良くというのは聞こえはよいのですが、私たちにすればこれはトラブルに発展しやすいケースです。兄弟のうちの一人が亡くなったらどうするのか、その不動産に住んでいる兄弟はどうするのか、二人が売りたいと思っても一人が反対だったらどうなるのか…公証人は書類を作成するプロであってもコンサルタントではないため、トラブルの芽を摘むことが役割ではありません。

遺言にまつわるよくある誤解としては、長男と次男がいて長男に土地を相続させるという遺言を書いたとします。ところが万一長男

が亡くなってしまった場合、どうなると思いますか？長男の子ども（あなたにとっての孫）に自動的に遺言の権利がいくと思っている人が非常に多いのですが、それは誤りです。あくまで遺言の効力は、長男に土地を相続させると書いた部分だけで、その相手が亡くなればその部分の効力も無効になります。仮にそう言う場合、孫に土地を残したいのなら、そこまで想定した遺言の書き方をしなければ、目的を達成することは出来ません。

　遺言は、書くにこしたことはありません。ただし、書き方によって雲泥の差があるということを知っておいてください。

（株）アローズ・リーガル・サービス
　相続・事業承継のトータルサポート窓口として、相談者の立場にたったコンサルティングと手続サポートを行っている。また、併設の司法書士事務所において、遺言、成年後見、債務整理、不動産・会社の登記などの多様なサービスも提供。
〒171-0014　東京都豊島区池袋 2-45-2　高崎ビル 5F
TEL：03-5911-1544　FAX：03-5911-1545
http://www.office-okumura.jp

3.葬儀を生前予約する

　葬儀は、あなたの人生最後のセレモニーです。ところが残念なことに、あなたはそのセレモニーの主役でありながら、口を出すことが出来ません。家族や親戚、友人知人、近所の人、たくさんの人たちがあなたにお別れを言いにきてくれたのに、返す言葉がないのは残念なことです。
　それならば、生きているうちに自分のお葬儀をどのようにしたいのか、自分で考え、準備を進めておいてはいかがでしょうか。
　本章の最後に、お葬儀をプロデュースするための書き込み欄があります。
　ここに必要事項を書き込んで「オレに何かあったら、このようにして欲しい」と家族に見せておくといいと思います。
　さらに詳細に書き込みたいのであれば、エンディングノートを購入してもいいでしょう。
　ただし、どんなにあなたが綿密な計画を記しても、あなたのお葬儀を行うのは、喪主となる人をはじめとする家族です。
　あなたが亡くなったことで気が動転してしまい、希望通りのお葬儀があげられないことも十分考えられます。

あなたの希望通りに式を進めようとしても、親類縁者から「そういうお葬儀は、おかしい」と横やりが入るかもしれません。

　自分のお葬儀を考え、それを着実に実行する。

　そのためにもっともいい方法は、葬儀社と生前契約を結び、自分のお葬儀の希望をしっかり立てておくことです。

　最近では、多くの葬儀社が生前予約を受け付けています。契約は、入会金のみの場合や、積み立て形式のものなどさまざまです。

　生前予約をするのであれば、自分の希望をはっきりと葬儀社に伝え、どのような葬儀が可能なのか、費用は概ねどのくらいかかるのか相談にのってもらいましょう。解約したり、内容を変更する場合の手続き・コストについても聞いておく必要があります。

■ 葬儀社の選び方

　生前予約をする最大の注意点は「どの葬儀社に任せるか」に尽きます。

　大手なら安心と言い切れるものでもありません。

　あなたがどんなに熱心に希望を話して、相手が「できます」と答えたとしても、施行するセンスが悪ければ台無しです。花祭壇のフラワーアレンジメント１つとっても、センスの善し悪しははっきりと表われます。

　葬儀社選びが難しい理由は、普段、私たちの暮らしの中であまり接する機会がないためです。もし、だれかのお葬儀に参列した時に、「この葬儀社はいいな」と感じたら、スタッフに名刺などをもらっておくとよいでしょう。

　どのような仕事でも同じですが、スタッフが親身になって飛び回っているかどうか、喪主や家族、参列者に対して心配りができているかどうかは、大切な評価ポイントです。

　また、実際に生前予約をしようとする際、見積もりを詳細に出してくれるかどうかも、葬儀社を見極めるポイントの１つになります。「葬儀が80万円。料理と返礼品で50万円。諸経費が50万円です」と言った大雑把な内容ではなく、祭壇がいくら、棺がいくら…と丁寧に見積もりを出し、予算内であなたの希望を叶えるにはどのような方法があるか、一緒になって考えてくれる葬儀社をみつけてください。

葬儀社選びで困ったら
（社）日本フューネラル協会
TEL:042-391-2081　FAX:042-306-2828
http://www.ceremony-salon.com/

アドバイス

あなたも家族も「納得できるお葬儀」にするには、葬儀社選びがカギを握っています。

社団法人　日本フューネラル協会代表　清水真理

　家族に万一のことがあれば、だれもが悲しみ、動揺します。ところがその一方で、お葬儀の準備はまったなしで進めなければなりません。霊安室で故人と対面して悲しんでいると、そこに病院付きの葬儀社の人がいて、わけのわからないまま「お任せ」して、気が付いたら葬儀の日となっていた。こういう経験をされた方も少なくないと思います。後に残るのは「何も出来なかった」という思いと、請求書だけ。

　お葬儀はあなたの人生最後のセレモニーです。ところが、あなた自身はセレモニーを指揮することはできません。喪主となる人たちにも、準備するだけの時間と心構え、そして情報がありません。こうした背景が、お葬儀に対する不満につながるのだと私は考えています。

　お葬儀を生前予約するメリットは、時間をかけて葬儀社を選び、あなた自身がおお葬儀をプロデュースすることができる点です。これなら家族もあわてることなく、多少なりとも余裕をもってお葬儀にのぞむことができます。

　さて、生前予約で重要なのが「どこの葬儀社を選ぶか」です。

　病院付きの葬儀社が必ずしも悪いとは限りません。大手の葬儀社がいいとも限りません。葬儀社選びのポイントは、

1. あなたの話を親身に聞き、希望をかなえるためにアドバイスをしてくれるか。
2. 見積もりが詳細か。

3．級葬祭ディレクター（厚生労働省認定）がいるか。
4．家族葬、自然葬、生花祭壇など、最近のお葬儀に対する知識と実績があるか。
といったことなどです。

　また、最近のお葬儀では司会進行や案内役として、女性スタッフがきめ細かな心配りをすることが増えています。優秀な女性スタッフがいるかどうかも、葬儀社を決めるポイントの一つになると思います。

　インターネットで価格だけを比較して決める方も少なくありませんが、葬儀一式いくらと書かれていても、その内容が問題です。お布施代や、飲食費、返礼品などの金額は含まれていないはずです。さらにオプションを加えることで、返って高額になることも多々あります。

　お葬儀はセレモニーです。人が動きます。24時間365日のサービス業です。あまりにも安い値段では、満足のいくサービスを提供することは困難なので、価格だけで葬儀社を決めるのも考えものだと思います。

　たとえば私が知っているある小さな葬儀社の社長さんは、お花が大好きで自分でフラワーアレンジメントの資格を取りました。お葬儀で使う花の種類や鮮度にも厳しく、亡くなった方が大好きだった花をアレンジの主役に使うなど、徹底的に気を配っています。そういう花祭壇を、白木祭壇と大差のない値段で提供したりしています。「花の香りに包まれると、みんながほっとするから」という理由でがんばっているのです。

　花祭壇一つとっても、葬儀社のセンスには大きな差があります。その葬儀社がこれまでどのような葬儀を行ってきたのか？施行写真

を見せてもらうことは、葬儀社を選ぶ際の参考になると思います。
　また、映画「おくりびと」で話題になった納棺師さんに故人の顔をメークしてもらったりシャンプーしてもらうと、生前の面影がよみがえり涙する遺族の方も多いのですが、優秀な納棺師さんを手配できる葬儀社を選ぶことも「悔いのないお葬儀」に結びつくことだと考えています。

社団法人　日本フューネラル協会
　個人や、残された家族のために親身になってサービスを提供することを心がけている葬儀社、葬祭場、返礼品会社、生花店などが集まり、葬儀社紹介などの葬儀サービスを行っている。
日本フューネラル協会　　お客様サロン
〒189-0013　東京都東村山市栄町1-3-32　1003
TEL:042-391-2081　FAX:042-306-2828
http://www.ceremony-salon.com/

ちょっと耳よりな話

葬儀費用を準備しておこう！

綿密に葬儀の計画を立てても、資金が十分でなければ納得のいくお葬儀をあげることはできません。生前契約の際、自分が希望するお葬儀をあげるにはどのくらい費用がかかるか見積もりを出してもらったら、今度は、資金準備にとりかかりましょう。逆に、最初にだいたいの予算を決めておいて、その中でできることを考えるのもいい方法です。

さてお葬儀に必要な費用ですが、規模や形式にもよりますが、家族葬などの比較的小規模なお葬儀でも、いろいろこだわり出せば150万円〜200万程度の費用はかかります。さらに、墓地などを新たに購入するのであれば、葬儀費用プラス100万円は最低でも必要です。

退職金などの中から、葬儀費用として貯金しておくのもいいでしょう（ただし自分名義の口座の場合、あなたが死亡すると口座が凍結されます）。

葬儀費用を捻出する目的で、生命保険をかけておくのもよい方法ですが、この場合は、受取人を必ず指定しておきましょう。

4. 自分の葬儀をプロデュース

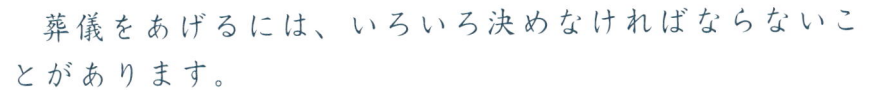

　葬儀をあげるには、いろいろ決めなければならないことがあります。

　規模（一般のお葬儀か、家族葬か等）や、全体の流れのこと、祭壇や返礼品のことなど、ぜひこれだけはと思う部分だけでも書き込んでみてください。

　自分のお葬儀を考えるのは、案外楽しいものです。「あなたらしさ」をどこで発揮できるか、ぜひ工夫してください。

■ **こういう葬儀にしてほしい**
葬儀についての、おおまかなプランを書く。
（例）家族と友人だけのシンプルな葬儀でいい。
（例）祭壇のとなりに、愛するバイクを置いてくれ。

■ **葬儀社はここに頼みたい**
名　称：
連絡先：
生前予約の有無：

■ **葬儀費用はここにある**
お金の出所（現金、保険など具体的に）：

想定している予算：

■ **自分の宗教・宗派**
　□無宗教
　□宗教（宗派）：_____
　菩提寺の有無（連絡先）：_____

■ **喪主になって欲しい人**
　名称（続柄）：_____

■ **遺影はこの写真**（好きな写真を２～３枚、貼っておきましょう）

写真

写真

■ 葬儀に使って欲しい小道具
　好きな言葉：
　好きな音楽：
　好きな花：
　その他：

■ 棺の中に一緒に入れて欲しいもの
　　　　　　保管場所：
　　　　　　保管場所：

＊メガネなどのガラス類や、メダル、お金などの金属類は、一緒に燃やすことはできません。棺に入れることが可能かどうかは、葬儀社に尋ねるといいでしょう。

■戒名の希望
　□希望なし
　□希望あり（具体的に）：

■祭壇について
　□希望なし
　□白木の祭壇
　□生花祭壇（使って欲しい花、デザインイメージ、価格帯など）：

■返礼品について
　□希望なし
　□希望あり（具体的に）：

■希望する料理、料理屋
　□希望なし

料理はここに頼んで欲しい（名称、連絡先）：

こういう料理を出して欲しい（具体的に）：

■ **お墓はこうして欲しい**
　☐ 今あるお墓に入る（所在地）：

　☐ 新しくお墓を立てる（予算、希望するお寺、霊園など）：

　墓石に対する希望：
　刻みたい言葉：
　散骨などの自然葬を望む（海、山など具体的に）：

■ **法要について**
　☐ 希望なし
　☐ 希望あり（具体的に）：

■葬儀に来てくれた方たちへのメッセージ

葬儀に呼んで欲しい人と、連絡先

1. 親　族

氏　名	電　話　番　号	備　考

2. 仕事関係

氏　名	電　話　番　号	備　考

3．友人・知人

氏　名	電　話　番　号	備　考

4．その他（サークル関係等）

氏　名	電　話　番　号	備　考

●男の老後をがんばろう会●
男が老後を楽しくすごすいい知恵はないか、と集まったいつもの5人組。フリーライター、商社マンは現役としても、あとは元出版社経営、元ラーメン店主、元歌手とみんな元がつくリタイア組。この本を処女作として、次々と男の老後を応援する名著を出そうと意気込みだけはさかんである。

**男のための
老いを楽しむ**
セカンドステージ便利ノート

2010年3月5日　初版発行
男の老後をがんばろう会 編
発行者/小出千春
発行所/北辰堂出版株式会社
〒162-0801 東京都新宿区山吹町364 SYビル
tel.03-3269-8131　fax.03-3269-8140
http://www.hokushindo.com
印刷製本/勇進印刷株式会社

定価はカバーに表記。ISBN 978-4-904086-98-8

絶賛発売中!!

とっても便利・とっても簡単！誰でも書ける記入式

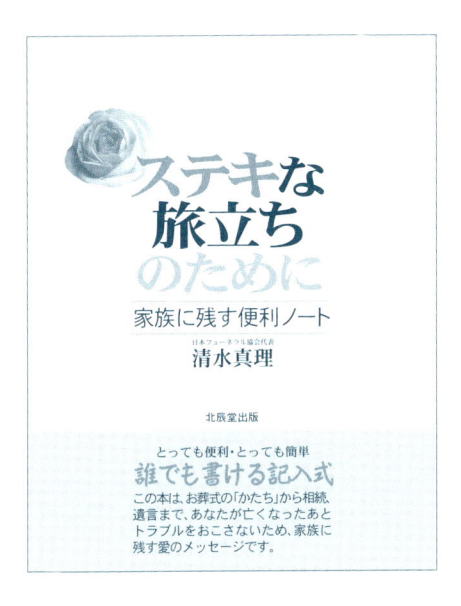

ステキな旅立ちのために 家族に残す便利ノート

清水真理

お葬式の「かたち」から相続、遺言まで、あなたが亡くなったあとトラブルをおこさないため、家族に残す愛のメッセージです。

A5変型　定価:987円(税込)

絶賛発売中!!

あのなつかしいメロディーを聴いて旅に出よう!!

感傷旅行① 童謡・唱歌の旅

15曲メロディー入りCDつき

故郷、紅葉、朧月夜、赤い靴、里の秋、叱られて、七つの子、冬景色、この道、砂山、赤とんぼ、夕焼小焼、みかんの花咲く丘、青い眼の人形、揺籃の歌──15曲入りCDつき。信州・豊田村、福岡・柳川、茨城・磯原など童謡のふるさとをたずねる旅ガイド満載!!

B5変型　定価2625円(税込)

絶賛発売中!!

あのなつかしいメロディーを聴いて旅に出よう!!

感傷旅行② にっぽんの名曲を旅する1
12曲メロディー入りCDつき

知床旅情、北上夜曲、青葉城恋唄、荒城の月、夏の思い出、花、城ヶ島の雨、早春賦、惜別の歌、椰子の実、琵琶湖周航の歌、宵待草──12曲入りCDつき。知床、会津若松、仙台、尾瀬など旅もガイド満載!!

B5変型　定価2625円(税込)

絶賛発売中!!
NHKスペシャルドラマ『坂の上の雲』がよくわかる!!

『坂の上の雲』もうひとつの読み方
塩澤実信

NHKドラマスペシャル『坂の上の雲』放映開始! 原作のストーリーを追いながら、厖大な資料を駆使して、その背後にある数多くの新事実を発掘!!司馬遼太郎の名作『坂の上の雲』をさらに面白くする著者渾身の作!! 四六上製　定価2415円（税込）

絶賛発売中!!
NHK大河ドラマ
『龍馬伝』が10倍楽しめる!!

龍馬と弥太郎　海に賭けた男たち
新井恵美子

薩長同盟、大政奉還などの大業を成しとげ、幕末の日本を風の如く駆け抜けていった坂本龍馬。一方龍馬の遺産を引きつぎ大三菱を育て上げた岩崎弥太郎。海に賭けた二人の巨人の出会いと別れ。　B5変型　定価1890円（税込）

絶賛発売中!!

名門出版社創業の秘話から
ベストセラー作家の素顔まで!!

有名人からの年賀状863枚大公開！

出版界おもしろ豆事典
塩澤実信

『出版界最後の生き証人』といわれる著者の60年にわたる出版人や作家との交流から生まれた超おもしろ話満載!!
四六並製　定価1680円（税込）

年賀状にみる小さな美術館
根本圭助 編

手塚治虫、ちばてつや、石ノ森章太郎、小松崎茂、中一弥、長野剛、里中満智子、藤子不二雄A、やなせたかし、高橋真琴、高木ブー、赤塚不二夫など年賀状大公開!!著者の解説つき！
　B5変型 定価1995円（税込）